혁신공무원의 12가지 M.A.P.

이 도서의 국립중앙도서관 출판시도서목록(CIP)은 e-CIP 홈페이지
(http://www.nl.go.kr/cip.php)에서 이용하실 수 있습니다.(CIP제어번호 : CIP2008000466)

혁신공무원의 12가지 M.A.P.

정도훈 지음

리드리드출판

행정조직의 경쟁력은 혁신하는 행복한 공무원에서 시작된다

좁은 국토와 풍족하지 않은 환경에서 우리는 불과 수십 년 만에 비약적인 발전을 이루어냈다. 이러한 성장을 가능케 한 이면에는 국민성을 비롯한 여러 가지 요소가 있겠지만, 그 중 하나의 요소로 부인할 수 없는 것이 공직자들의 국가발전을 위한 노력이었다. 국가발전 정책을 기획하고 이를 적극적으로 실행했던 그들의 노력이 오늘의 국가성장을 가능하게 한 밑거름이 된 것이다.

어려웠던 시절, 그들은 국가발전을 위해 매진하였기에 국민들로부터 많은 신뢰를 받아왔다. 하지만 지금의 시점에서 이런 공직자의 위상이 어떻게 변화하고 있는지를 생각해 볼 필요가 있다. 과거의 존경받는 공직자의 위상에서 혁신의 대상이요, 구태의연의 대상, 복지부동의 대명사, 철밥통의 상징 등 불명예스러운 이름으로 불리며 부정적인 이미지로 인식되고 있지 않은가?

국민의 공복이라는 신념으로 자신의 업무를 열심히 추진하고 국가의 발전을 위해 노력해온 대다수의 공직자들이 왜 이러한 취급을 받아야 하는가? 정권이 바뀔 때마다 혁신의 대상이 되었지만, 제대로 된 혁신을 하지 못했다 하여 또다시 다음 정권에서 혁신의 대상이 되는 현상을 왜 반복해서 당해야 하는가?

이것은 바로 공직사회가 이제 새로운 패러다임으로 미래를 준비해야 할 때가 된 것을 의미한다. 중국과 일본의 틈바구니에 끼어 있는 우리의 현실을 감안하더라도 다시 제 2의 도약을 위해서는 칭찬받는 공직사회가 우리 사회에 절실하게 필요한 것이다. 국가적으로도 100만 명에 가까운 공직자들이 신바람 나게 일을 할 수 있어야 제 2, 제 3의 도약을 기약할 수가 있다.

국가의 경쟁력은 어느 한 부분만의 경쟁력으로 이루어질 수 없다.

기업과 공무원, 개인과 조직, 주민과 지역이 골고루 경쟁력을 갖추어야 지속적인 발전을 구가할 수 있다. 그 중에서 특히, 공직사회의 경쟁력 강화는 필수적이다. 많은 후진국들이 선진국으로의 진입을 이루지 못하는 첫 번째 이유가 공직자들의 경쟁력이 약하기 때문이다. 우리가 과거에 비약적인 발전을 이루었을 때에도 그러했듯이 미래의 발전을 이루기 위해서도 마찬가지다. 경쟁력 있는 공무원이 많을수록 국가는 발전할 수 있다. 갈수록 심화되는 세계경제환경의 변화 속에 세계경제의 흐름을 주도하는 국가로 우뚝 서기 위해서라도 그러한 변화의 흐름을 읽을 줄 알고,

국가 비전을 올바른 방향으로 세워 실행할 수 있는 식견을 가진 공무원이 필요하다.

경쟁력 있는 공무원은 하루아침에 만들어지지 않는다. 또한 경쟁력 있는 공무원은 스스로의 힘만으로도 만들어지지 않는다. 우리나라가 세계 제일의 경쟁력을 가진 공무원을 보유하기 위해서는 다각적인 노력이 필요하며, 그 첫 번째 노력이 바로 혁신공무원을 우대하는 행복한 조직문화를 만드는 일이다. 혁신공무원을 있게하는 조직문화는 여러 가지의 의미를 가지고 있다. 신분이 안정되어 있고 급여가 안정적으로 지급된다고 해서 행복한 조직문화가 형성되는 것은 아니다.

자신이 맡고 있는 업무가 어떠한 의미와 가치를 가지고 있는지를 정확히 인식하고 스스로 주체적으로 일할 수 있는 여건과 서로를 위해주는 조직문화, 열심히 일한 것에 대한 합리적인 성과보상이 이루어지는 인사 시스템 등 여러 가지 요소가 결합되어 이루어진다. 이러한 요소들이 바로 경쟁력 있는 조직을 위한 행복한 조직문화라고 할 수 있다.

이 책에는 혁신공무원을 양성하는 데 필요한 행복한 조직문화를 만드는 방법에 대한 생각이 12가지 M.A.P.(Mind, Action, Plan)를 중심으로 기술되어 있다. 조직의 장에서부터 조직의 간부, 그리고 개인들이 행복한 조직문화를 만들기 위해 실천해야 할 실천전략을 크게 네 가지 차원에서 제시하고 있다. 첫째, 조직 전체적인 차원에서의 접근이다. 민선지방자치가 실시되었음에도 불구하고 아직도 벗어나지 못하고 있는 구시대의 조직문화를 탈피할 전략을 공조직의 대표적 수직 문화인 회의문화를 중심으로 개선방향을 제시했다. 회의문화는 비단 단순한 회의 진행방식의 개선을 의미하는 것이 아니라, 상명하달식의 수직적 조직문화를 수평적 조직문화로 바꾸는 것을 의미한다. 둘째는 조직전체적인 접근에서 좀 더 세분화하여 부서단위에서 실천할 수 있는 학습하는 부서문화 만들기 전략을 제시하였다. 지식정보화시대에 걸맞은 행정서비스의 창출을 위해서는 부서단위의 전문성 강화가 필수적이다. 셋째는 개인차원의 접근으로 일에 대한 마인드 개선을 통해 가치행정을 추구할 수 있는 실천전략을 제시하였다. 열정이 있는 공무원은 모든 변화를 가능하게 한다. 공직자들의 열정을 불러일으키기 위해 필요한 기본적인 관점의 변화를 제시하였다. 넷째는 이러한 세 가지 차원의 변화를 뒷받침할 수 있는 간부공직자들의 조건을 기술하였다. 행정조직의 변화를 위해서는 간부공직자들의 변화가 필수적이다. 변화하는 행정의 패러다임에 적합한 리더십의 전개를 위해 반드시 가져야 할 마인드와 실천사항에 대해 기술하였다.

그리고 마지막으로 지속적인 발전을 이루어 나가기 위해 전체 공직자들이 가져야 할 5가지의 마인드를 부가적으로 기술하여 보다 적극적인 행정의 전개를 주문하고 있다. 십 년 이상의 행정조직에 대한 컨설팅 경험과 공기업에서의 근무경험 등을 토대로 보다 행복한 조직문화를 만들기 위한 나름대로의 실천사항들을 제시하였지만 부족한 점이 많다고 생각한다. 하지만 이 책이 좋은 나라를 만들기 위해 일선에서 애쓰는 공직자들에게 '할 수 있다' 라는 자신감을 불어넣을 수 있다면 더 바랄 것이 없다.

차례

PART **3**

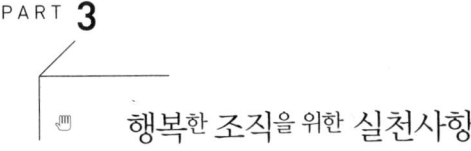

행복한 조직을 위한 실천사항

PART **5**

🖳 지속가능한 발전의 마인드

EPILOGUE

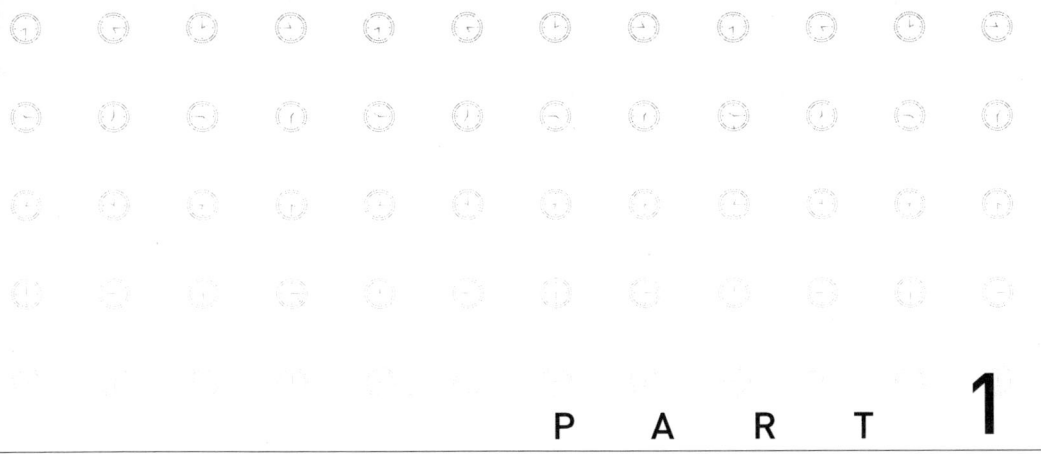

PART 1

행복시의 일주일

오늘도 새로운 하루가 시작된다.
내일도 새로운 하루가 시작될 것이다.
새로운 일주일이 시작되고,
새로운 한 달이 시작되고, 새로운 일 년이 어김없이 시작될 것이다.

우리가 살아가는 하루하루의 모습은 어떠한가?
어제 죽은 이가 그토록 살고 싶어 애태웠던 내일이,
우리가 아무렇지 않게 살아가는 소중한 오늘이라면
감사하는 마음으로 우리의 일상을 돌아보자.

월요일

08:30 \ 월요간부회의 \ 청사 2층 상황실

이른 아침부터 시작되는 월요간부회의를 위해 행복시청의 간부들이 모두 모였다. 시장님의 좌석을 중심으로 부시장과 국장들이 앉고, 과장들은 직제순서에 따라 자리를 잡고 앉아 있다. 모두들 옆자리의 사람들과 지난 주말에 있었던 사적인 이야기를 나누느라 상황실은 다소 소란스러웠다.

간부회의의 주관부서인 기획예산과의 기획팀장인 정 팀장은 마음속으로 오늘 회의의 진행순서를 그리며, 진행 시나리오를 다시 한 번 눈으로 읽어보고 있었다.

그때 시장실과 연결된 상황실의 문이 열리고 시장님이 상황실로 들어오는 것이 보였다. 일순간 대화는 중단되고 모든 간부가 일어서서 시장님께 인사를 하고는 자리에 앉았다. 정 팀장은 즉시 회의시작을 알리는 안내를 했다.

"지금부터 5월 첫째 주, 간부회의를 시작하겠습니다. 먼저 기획예산과부터 보고해 주시기 바랍니다."

정 팀장의 안내에 따라 기획예산과장은 탁자 위에 놓여 있는 노트북의 화면을 들여다보며, 전 주에 있었던 일과 금주의 주요 업무에 대한 보고를 시작하였다.

"다음은 자치행정과, 보고해주시기 바랍니다."

자치행정과장도 기획예산과장과 마찬가지로 전 주의 업무와 금주의 업무에 대한 보고를 순서에 따라 읽어 내려갔다. 그리고 자치행정과에 이어 직제 순서에 따라 지역경제과, 건설과, 사회복지과 등의 본청 부서보고가 이어지고 상하수도사업소, 차량등록사업소 및 각 동사무소의 보고가 이어졌다.

오늘도 보고 중간에 간간이 시장님께서 확인할 사항을 확인하고, 현장 시찰을 통해 수집한 시민들의 이야기와 관련하여 지시할 사항은 그때그때 지시하기도 하였다. 드디어 각 부서의 보고가 끝나고, 마지막으로 시장님의 당부말씀을 끝으로 오늘 회의는 끝이 났다.

10:00 \ 아침 토의 \ 자치행정국장실

간부회의를 마치고 나온 자치행정국 소속 간부들이 국장실에 다시 모였다. 커피를 한 잔씩 마시면서 오늘 간부회의에서 있었던 지역경제과의 업무보고 중, 투자유치에 관한 것을 화제로 삼았다.

"지역경제과장은 투자유치를 할 수 있는 것처럼 보고를 했지만, 그게 어디 가능하겠어? 요즘 같은 불경기에 어느 기업이 사업전망도 불투명하고, 교통도 좋지 않은 우리 시에 투자를 하겠느냐 말이야."

국장의 의견에 모두들 수긍하는 분위기로 한마디씩 이야기를 시작했다.

"그러게 말입니다. 장기종합발전계획에서 온천 관련 사업을 제시하긴 했지만 이미 여기저기 다른 자치단체도 착수한 사업인데다, 우리 시는 지리적 여건상 타당성이 별로 없어 보이는 사업이라 재고해야 하지 않겠습니까?"

"저번 보고회에서 그 사업에 대한 타당성을 다시 검토해야 한다고 얘기했지만, 결국 하는 것으로 결론이 나다 보니 이런 일이 벌어진 것 아닙니까? 나중에 뒷감당을 어떻게 하려고 기획예산과는 보고서를 그렇게 만들었는지 모르겠어요."

"일 저지르는 사람 따로 있고 치우는 사람 따로 있다더니 지역경제과장만 앞으로 힘들게 생겼어요."

이러한 과장들의 말에 국장이 마지막으로 한마디 했다.

"하지만 시장님의 의지가 워낙 강하시니 기획예산과장도 어쩔 수 없는 입장이긴 마찬가지지."

국장의 얘기에 모두들 그건 그렇다는 표정을 지으며 오늘 아침 회의에서의 분위기를 떠올렸다. 지역경제과장이 온천 관련 테마파크 사업에 대한 진척사항을 보고했다가 추진상황이 너무 부진하다고 시장님께 질책을 받자, 다음 달에 서울에서 투자유치 설명회를 개최하겠다는 보고를 했던 것이다.

"자, 그 얘기는 그만하고 회의 시작합시다."

국장의 말에 따라 과장들은 오늘 아침 회의에서 나왔던 시장님의 지시사항 중에 소관부서에서 해야 할 일에 대한 토의를 시작했다. 토의는 주로 국장이 소관 과장들에게 어느 부서에서 어떤 일을 맡을지 그리고 언제까지, 어떻게 처리할 것인지를 지시하는 형태로 진행되었다.

10:40 \ 팀장급 회의 \ 총무과

국장실에서 간부회의를 마치고 나온 총무과장이 부서로 돌아와 팀장❶급 회의를 소집하였다. 회의는 간부회의에 참석하지 못한 중간관리자인 팀장들에게 오늘 회의의 내용과 지시사항들을 전달하는 내용이었다.

오늘처럼 시장님의 지시사항이 많고 전달사항이 많은 경우에는 이렇게 직접 회의를 소집하여 회의 전체 분위기와 과에 내려진 지시사항을 직접 전달하지만, 사안에 따라 지시사항이 별로 없는 경우에는 생략하는 경우도 있다.

총무과장은 우선 전체적인 간부회의 내용에 대한 설명과 시장님의 지시사항을 팀장들에게 전달하였다. 그리고 총무과에서 해야 할 일들을 중심으로 팀장들이 각별히 업무를 챙기라는 당부를 끝으로 회의를 마쳤다. 과장 소집회의가 끝나고, 팀장들은 각자의 팀으로 돌아가서 자신의 팀원들에게 내용을 전달하거나, 업무 담당자만을 불러 업무를 지시하기도 하였다.

간부회의 전 주 금요일 15:00 총무과 주무팀

총무과 주무팀의 서무를 맡고 있는 7급 나○○씨는 이번 주도 각 팀에서 월요일 간부회의의 보고서에 첨부할 팀별 주요 업무보고를 제 시간에 넘

❶ 팀장이라는 명칭은 각 기관별로 과장급을 팀장으로 쓰는 곳도 있으나, 이 책에서는 기초자치단체의 경우 6급인 담당을 팀장으로 칭하기로 한다.

겨받지 못해서 '오늘도 야근을 하는구나' 하는 생각을 하고 있었다.

총무과는 4개 팀으로 구성되어 있어 업무보고를 취합하는 데 시간이 별로 걸릴 것 같아 보이지는 않지만, 다른 팀의 차석들이 팀장에게 아직 결재를 받지 못했다는 이유로 시간을 넘기기 일쑤였다. 전체부서의 업무보고를 취합해야 하는 기획예산과의 기획팀 차석은 방금 전에도 빨리 내라는 독촉전화를 해왔다.

전체 팀의 업무보고가 취합된 것은 예정시간보다 2시간이 지난 오후 5시. 나○○씨는 팀장과 과장이 퇴근하기 전까지 전체 업무보고를 양식에 맞추고 내용도 수정해야 하기 때문에 마음이 급해졌다. 수정을 끝내고 팀장에게 보이자, 팀장은 다시 과장에게 보고를 하였다. 과장은 업무보고를 한 번 읽어보고는 몇 건에 대해서는 아직 보고시기가 이르거나, 민감한 사안이라 별도로 보고하겠다며 뺄 것은 빼고 필요한 사항을 첨부하라는 지시를 내렸다. 과장의 지시를 받아 업무보고의 내용을 다른 팀의 협조를 받아 정리하고 나니 어느새 저녁 8시.

하지만 이게 끝이 아니다. 수정한 내용을 다시 과장에게 전달해야 하는 것이다. 과장은 원래 꼼꼼한 성격이라 회의 전에 꼭 자신이 회의에 보고할 내용을 여러 번 확인해야 직성이 풀리기 때문에 일요일 오후에 사무실에 나와 다시 검토하겠다고 했다. 그래서 일요일 오후 2시에 사무실에 나오겠다는 이야기를 하고 퇴근하였다.

10:40 ＼ 용역결과 보고회 ＼ 시청 대회의실

　시장님을 비롯한 주요간부들과 주무팀장들이 대회의실에서 용역회사의 발표를 듣고 있다.

　오늘의 발표내용은 지난 1년 동안에 걸쳐, 행복시의 장기종합발전계획을 수립한 결과를 보고받는 자리다. 그간의 행정환경변화에 대응하고, 21세기에 걸맞은 시의 발전상을 그리기 위해 작년도에 거액의 예산을 들여 용역을 발주한 결과를 오늘 보고받는 것이다.

　용역을 수행한 연구기관의 책임연구원인 이 박사가 파워포인트로 작성된 슬라이드를 통해 10년 후의 비전에 대해 설명하였다. 행복시의 현황분석과 주민 및 공무원 리서치, 공무원 워크숍의 SWOT 분석과 GAP분석을 통해 도출한 비전과 미션에 대한 설명을 시작으로 21세기 일류 자치단체로 거듭나기 위해 추진해야 할 여러 사업에 대한 설명이 이어졌고, 행정계획과 재정계획에 대한 설명 등으로 약 2시간에 걸친 보고는 끝이 났다.

　보고를 마치고 질의 토론 시간이 이어졌다. 사회를 맡은 기획예산과 정 팀장의 안내에 따라, 먼저 인사조직을 담당하고 있는 총무과의 박 팀장이 질문을 시작했다.

"발표에 따르면 2020년의 우리 시 인구지표가 지금보다 5만 명이 늘어난 25만 명으로 설정되어 있는데 현실성이 있는 것입니까?"

질문에 대해 연구기관의 발표자인 이 박사가 답변을 하였다.

"그간의 인구추계분석과 향후 발전하는 시의 바람직한 목표를 감안하여 다소 무리가 있지만, 행복시의 인구를 25만 명 정도는 설정해야 한다고 생각합니다."

이러한 답변에 여기저기서 웅성거리는 소리가 들렸다. '국가적으로도 저출산이 문제인데 과연 25만 명이 가능하겠어?' 하는 의심의 소리였다.

다음 질문자로는 농정과의 김 팀장이 나섰다.

"행정조직 추진체계의 발표내용을 보면 향후는 농정업무를 대폭 축소하여 농업기술센터와 통합한다는 계획이 있는데, 이러한 계획은 현실을 잘 모르고 하는 이야기라고 생각합니다. 농정업무는 업무의 비중이 축소되고 농민의 숫자가 줄어들고 있다고 해서 하루아침에 이관을 할 수 있는 사항이 아닙니다. 상급기관인 농림부와 농진청과의 업무연계를 위해서도 급격한 조직축소는 재고되어야 한다고 생각합니다."

이어서 방재업무를 맡고 있는 오 팀장의 의견도 이어졌다.

"방재업무는 기상환경의 이상 징후와 관련하여 앞으로도 그 업무가 점점 더 중요해지고 있는 업무입니다. 건교부에서도 재난안전과의 설치를 중요하게 생각하고 있는데, 발표내용처럼 방재업무팀을 없애고 다른 팀의 부수적인 업무로 통합한다는 것은 우리 시의 재난대책과 관련하여 분명히 재고되어야 한다고 생각합니다."

방재팀장의 의견에 이어 이번 장기종합발전계획에서 조직구조상에 통합이 언급되거나 기능전환이 모색된 팀의 팀장들이 질문을 계속해 나갔다. 전체적으로 분위기가 소란스러워지자 사회를 담당하고 있던 기획팀장이 나섰다.

"이번 용역에 있어 중요한 것은 조직구조상의 문제가 아니라 우리 시의 2020년 비전의 모습이라고 생각합니다. 조직구조는 추후에 더 논의할 수 있으니, 오늘 질문의 내용과 토론은 미래 비전과 관련된 의견을 말씀해주시기 바랍니다."

사회자의 멘트가 끝나자 앞줄에 앉아 있던 건설과장이 질문에 나섰다.

"우리 시는 재정자립도가 불과 30%가 넘지 않는 도·농복합도시입니다. 발표하신 내용을 보면, 우리 시가 2020년에는 현재의 1차와 3차 산업 중심의 산업구조에서 첨단기술 기업들을 많이 유치해야 하는 것으로 비전을 제시하고 있습니다만, 아시다시피 자치단체의 여건으로 기업유치는 매우 어려운 과제입니다. 이를 달성할 수 있는 근거와 방법이 있습니까?"

건설과장의 질문내용에 대해 용역수행기관의 발표자는 현재의 열악한 재정자립도와 지역산업구조를 볼 때, 반드시 새로운 산업구조의 창출이 일어나야 하며, 이는 선택사항이 아닌 필수과제인 만큼 시민과 공직자가 힘을 합쳐 반드시 이룩해 나가야 할 것이라는 답변으로 대신했다.

이외에도 여러 가지 의견이 추가로 있었지만 본 연구용역의 발표가 최종적인 결론사항은 아니며, 추후 다양한 의견을 참고하여 좀 더 보완한 후 최종보고서를 납품하겠다는 사회자의 결론을 끝으로 용역결과보고회는 끝이 났다.

07:30 \ 최종보고회 참석 후 \ 재난안전과

　장기종합발전계획의 최종보고회에 참석하였던 오 팀장은 비전 2020보고서를 들고 사무실로 돌아왔다.

　보고서를 다시 펼쳐든 오 팀장은 보고회에서 자신이 이야기한 조직구조의 변화와 관련된 내용을 다시 꼼꼼히 살펴보았다. 관련 페이지를 꼼꼼하게 살펴보던 오 팀장은 자신이 용역팀의 연구원들과 나눈 면담이나 기획팀에 제시했던 의견이 전혀 반영되지 않았음을 확인하고는 기분이 몹시 불쾌해졌다. 오 팀장은 바로 기획팀장의 내선번호를 눌렀다. 기획팀장은 오 팀장과는 동기로 막역하게 지내는 사이였다. 두 번의 신호음이 울리고 기획팀장이 전화를 받았다. "감사합니다. 무엇을 도와드릴까요? 기획팀 정○○입니다." 기획팀장의 목소리가 들려오자 오 팀장은

　"야, 정○○! 너 이럴 수가 있어? 내가 그렇게 부탁을 했는데 어떻게 보고서가 이렇게 나올 수 있는 거야? 동기라고 믿고 있었더니, 우리 팀을 이렇게 무시해도 되는 거야? 직원들한테 내 입장은 뭐가 되냐?"

　오 팀장은 팀원들이 들으라는 듯이 큰 소리로 화를 내며 말을 했다. 이러한 오 팀장의 흥분된 전화에 기획팀장은 시 전체를 놓고 생각해야 하는 본인의 입장을 이해해 달라며, 오히려 동기인 오 팀장이 자기 입장을 이해해주지 않으면 누가 이해해주겠느냐며 볼멘소리로 대답했다. 기획팀장과의 전화통화 후, 오 팀장은 아직도 분을 삭이지 못한 채 차석에게 보고서를 던지며 말했다.

　"에이, 저희들이 방재업무에 대해 뭘 안다고 함부로 이야기하고 있어. 이번 용역도 예산만 낭비했구먼!"

1개월 후 기획팀

장기종합발전계획의 최종 보고서를 납품받은 기획팀장이 용역수행업체의 책임연구원 및 연구원들과 보고서를 검토하고 있다.

"지난번 보고회 이후, 제가 부탁드렸던 건은 모두 보완이 되었는지요?"

기획팀장이 이 박사에게 묻자, 책임연구원인 이 박사가

"보고회에서 나왔던 내용과 의회보고시 의원님들께서 제시하신 의견들을 종합적으로 모두 검토하여 이번 보고서에 반영하였습니다. 특히, 많은 팀장들께서 지적하신 조직구조 관련 부분은 단기, 중기, 장기로 세분화하여 조직의 미래 모습을 설계하여 반영하였습니다."

이 박사의 설명에 따라 논의사항이 반영된 페이지를 일일이 살펴본 기획팀장이 다시 질문하였다.

"그리고 시장님께서 특별히 당부하신 우리 시의 숙원사업인 문화관광 파트의 사업들은 어떻게 반영이 되었습니까?"

"예, 최우선적으로 검토하여 핵심적인 미래 비전 사업의 하나로 별도로 정리하였습니다. 이미 그 내용은 팀장님께서도 알다시피 2주 전에 별도로 시장님께 보고를 드린 바 있습니다."

기획팀장은 보고서 내용에 별도로 정리된 문화관광 사업부분을 훑어보고는 보고서를 덮으며 말했다.

"그동안 수고 많으셨습니다. 1년 동안 우리 시의 여러 현황을 파악하시고, 직원 의견수렴과 주민 의견수렴을 하시느라 고생 많으셨습니다."

수요일

10:30 ＼ 약속 ＼ 지역경제국장실

아침 10시 30분에 행복시의 지역경제국장을 만나기로 일주일 전에 약속을 하고 서울에서 내려온 김 교수는 시계를 바라보고 있다. 서울에서 3시간가량 걸리는 이곳까지 약속시간에 늦지 않기 위해 새벽 6시에 일어나 이른 아침식사를 하고, 7시에 출발하여 쉬지 않고 운전을 해온 탓에 다소 피곤한 느낌이 들었다.

시계는 벌써 10시 50분을 가리키고 있었다. 그때 비서가 다가와 죄송하다는 얼굴로 말을 걸었다.

"교수님, 정말 죄송합니다. 오늘따라 손님이 많네요. 게다가 오전에 간부회의가 늦게 끝나는 바람에 일정이 모두 순연되었습니다. 정말 죄송합니다. 국장님께는 메모를 넣어드렸습니다. 조금만 더 기다려 주십시오."

비서에게 괜찮다는 말을 하고 시정홍보책자를 들여다보고 있던 김 교수는 아침부터 부산스럽게 움직였던 것이 다소 씁쓸하게 느껴졌다. 새벽부터 서둘러 온 사람을 20분이나 기다리게 하다니 이것이 무슨 경우인가 하는 생각이 자꾸 들었다. 그리고는 오후 4시에 잡혀 있는 교수회의가 떠올라 마음이 못내 불안해졌다. 그때 국장실의 문이 열리고 국장이 손님들을 배웅하고는 김 교수에게 다가왔다.

"어이구, 이거 정말 죄송합니다. 많이 기다리셨죠. 어서 들어가시죠."

국장실로 들어선 김 교수는 요즈음 정말 바쁘다는 국장의 너스레를 들으며 은연중에 다시 시계를 보았다. 약속시간으로부터 정확히 25분이 지난 뒤에야 면담이 이루어진 것이다.

전화통화 \ 일주일 전 경영학과 교수실

방금 강의를 마치고 연구실로 돌아온 김 교수는 다급하게 울리는 전화벨 소리에 서둘러 문을 열고는 전화를 받았다.

"김 교수님 되시죠? 여기는 행복시청 지역경제국장실입니다. 저희 국장님께서 통화를 원하시는데 전화 받으시기 괜찮으시면 연결해 드리겠습니다."

몇 번의 신호음이 울리고 수화기 저편에서 국장의 목소리가 들려왔다.

"아, 김 교수님. 이거 초면에 전화로 결례가 많습니다. 다름이 아니라 제가 얼마 전에 교수님의 저서를 접하고는, 참으로 좋은 말씀에 직접 뵙고 이야기를 나누고 싶어서 전화를 드렸습니다. 언제 시간이 나시면 제가 한번 뵙고 싶은데요."

국장의 전화를 받고 김 교수는 2개월 전에 출간한 책을 벌써 읽어보았다는 국장의 말에 기분이 좋아졌다. 더구나 직접 만나 시의 발전방향에 대한 고견을 듣고 싶다는 이야기에 '우리 지방자치단체도 민선 이후에 정말 적극적으로 변해가는구나' 하는 생각이 들어 괜히 흐뭇해졌다. 책 내용 중에 지역발전에 대한 부분이 많이 포함되어 있어, 그 부분에 대한 이야기를 듣고 싶어 하는 것 같아 이야기가 나온 김에 다음 주로 약속시간을 정하고 강의가 없는 목요일 10시 30분에 만나자는 약속을 하였다.

국장은 자신이 직접 찾아뵙고 인사를 드려야 도리라고 말했지만, 김 교수는 공무에 바쁘신 분이니 자신이 직접 찾아뵙겠다고 하고는 전화를 끊었었다.

11:20 ＼ 면담 ＼ 국장실

30여 분에 걸친 국장과의 면담이 어느 정도 끝나고, 김 교수는 주섬주섬 일어설 채비를 하였다.

면담은 주로 김 교수의 책 내용에 대한 이야기와 행복시의 발전방향에 대한 대화였다. 김 교수가 책에서 저술한 지역개발의 새로운 개념에 대해 국장이 물어보고 김 교수가 대답하는 형태였으며, 마지막으로 언제 한번 시간을 내어 행복시의 전체 공무원들에게 강의를 부탁한다고 하였다.

면담이 거의 끝나갈 무렵 국장이 다시 말을 꺼냈다.

"이렇게 멀리서 와주셨는데 시간이 괜찮으시면 점심식사라도 하고 가시는 것이 어떻습니까?"

시계를 쳐다보던 김 교수는 아직 점심시간까지는 40분 정도의 시간이 남아 있음을 확인하고는, 오후에 잡혀 있는 교수회의 때문에 바로 올라가야 할 것 같다고 정중하게 사양하였다.

국장실에서 나와 주차장으로 향하던 김 교수는 오늘의 면담이 도대체 왜 이루어졌는지 의구심이 들었다. 30분에 걸친 면담 내용은 특별한 목적이 있는 것도 아니었으며, 어떤 결과를 얻기 위한 것도 아니었다. 그저 자신이 저술한 책에 대하여 설명한 것이 전부였다. 이런 면담을 위해 서울에서 행복시까지 먼 거리를 달려온 자신이 너무 경솔했다는 생각까지 들었다.

15:00 \ 출장계획 \ 박 팀장 사무실

박 팀장은 30분 전에 과장으로부터 내일 국장이 업무출장을 가는데, 출장수행을 자신이 하라는 지시를 받았다. 출장은 1박 2일의 일정으로 경기도 자치단체의 산하기관 운영 실태를 벤치마킹하러 간다는 것이다.

아직 시설관리공단이 없는 상태인 행복시의 입장에서 먼저 시설관리공단을 만들어 운영하고 있는 다른 자치단체의 상황을 살펴보고, 무엇을 어떻게 준비해야 하는지를 알아보기 위해 이번 출장이 기획된 것이다. 보다 정확한 국장의 의중을 알고 출장계획을 짜기로 한 박 팀장은 국장실을 찾아갔다.

마침 자리에 계셨던 국장은 교육원에서 만났던 분이 얼마 전에 보람시의 시설관리공단 이사장으로 발령이 났다고 연락이 왔다고 했다. 전화를 받고 마침 잘되었다는 생각으로 이번 출장을 결정하였으며, 그 이사장이 다음 주에는 해외출장을 가야 하기 때문에 이번 주밖에 시간이 없다고 했다. 그리고 이왕 가는 김에 다른 시설관리공단도 함께 돌아보자고 하였다.

자리에 돌아온 박 팀장은 바쁘게 출장계획서를 작성하였다. 내일 국장 회의를 마치고 오전 10시에 출발해서, 중간에 점심식사를 하고 오후 2시 경에 도착하는 것으로 일정을 잡고 박 팀장은 잠시 고민에 빠졌다.

저녁식사는 어떻게 할 것인가? 숙소는? 차량이야 관용차를 이용해서 다녀오면 되지만, 다른 사항들은 준비된 것이 하나도 없는 갑작스런 출장 이라 마음이 급해졌다. 모시고 있는 국장은 약주를 좋아해서 저녁식사에 반드시 반주를 곁들이는데 요즘 박 팀장은 위장이 좋지 않아 약을 먹고 있 어서 걱정이었다. 틀림없이 그 이사장님과 저녁을 같이 하게 될 텐데, 그 자리에서 건강이 좋지 않아 술을 당분간 마시지 못한다는 이야기를 한다 는 것도 결례라는 생각이 들었다. 직원들끼리의 술자리라면 관계없겠지만 외부손님이 참석하는 경우에 그런 이야기를 한다는 것은 썩 내키지가 않 았다.

그리고 다음 날의 일정도 어디를 방문할 것인지 아무것도 결정된 것이 없어 차석에게 시설관리공단이 잘 운영되고 있는 자치단체를 알아보라고 지시하고는 전자결재를 하기 위해 모니터를 들여다보기 시작했다.

16:00 ＼ 점검 ＼ 김 차석 사무실

팀장으로부터 시설관리공단이 잘 운영되고 있는 지방자치단체를 찾아 보라는 지시를 받은 차석은 우선 인터넷을 뒤져보기 시작했다. 인터넷에 나와 있는 지방자치단체들의 홈페이지를 보고 시설관리공단이 있는 자치단체를 검색하였다.

우선 리스트를 만들고 일일이 전화를 걸어 사정을 설명하고는, 모레인 금요일에 국장과 팀장이 방문할 수 있도록 협조가 가능한 자치단체를 3개로 압축하여 정리하였다. 해당 자치단체의 담당자에게 우리 시가 처음으로 시설관리공단을 만들려고 한다는 사실을 알려주고는 필요한 자료를 적극적으로 챙겨줄 것을 당부하였다. 그리고 방문이 가능한 자치단체의 리스트를 최종적으로 팀장이 국장에게 보고하여 그 중에서 선택할 수 있도록 자료를 만들었다.

그 후 국장과 팀장이 첫째 날 방문하여 묵게 될 도시의 숙소를 알아보고는 전화를 걸어 예약까지 마쳤다.

목요일

07:00 ＼손님 접대 후유증 ＼김 팀장의 자택

어제 저녁 서울에서 내려온 손님들과 늦은 시간까지 술자리를 함께 했던 김 팀장은 아내의 일어나라는 세 번째 소리에 마지못해 자리에서 일어났다.

아직도 머리는 멍하고 몸은 파김치 상태였다. 어제 저녁 자리에서 손님들과 서먹서먹한 분위기를 없애기 위해 김 팀장이 여기저기 술잔을 권하며 다닌 탓에 평소보다 과음을 한 것이 말썽이었다. 김 팀장이 분위기를 살린 덕분에 손님들도 나중에는 편안하게 이야기를 시작하였고, 그 여세를 몰아 2차까지 술자리가 이어질 수 있었다. 그 바람에 김 팀장의 오늘 컨디션은 영 엉망이 되고 말았다.

국장과 과장 그리고 담당직원을 합쳐 다섯 명이 투자 가능성을 알아보기 위해 서울에서 내려온 기업체 손님을 대접하였지만, 과장은 얼마 전 건강검진에서 간이 좋지 않다는 결과가 나왔고, 담당직원은 원래 술을 잘하지 못해 결국 손님접대는 김 팀장 몫이 되었던 것이다.

지끈거리는 머리를 만지며 화장실에 들어가 씻고 나온 김 팀장은 아내가 차려 놓은 아침식사를 뜨는 둥 마는 둥 하고 옷을 차려입고 출근길에 나섰다.

고등학교에 다니는 막내아들 때문에 교육여건이 우수한 인근 으뜸시로 주소지를 옮겨놓고, 으뜸시에서 행복시로 출·퇴근하고 있는 김 팀장의 출근시간은 자동차로 50분가량 걸려야 시청에 도착할 수 있다.

08:30 \ 아침출근 \ 김 팀장 사무실

평소 출근시간보다 30분 늦은 시각인 8시 30분에 사무실에 도착한 김 팀장은 아직도 과의 많은 직원들이 출근 전인 것을 보고는 기분이 별로 좋지 않았다. 더구나 어제 술도 별로 마시지 않은 같은 팀의 부하직원도 아직 출근 전인 것을 알고는 더욱 기분이 좋지 않았다. 괜히 손해 본 것 같은 느낌이 들어 씁쓸한 기분마저 들었다.

먼저 출근해서 신문을 보고 있던 과장에게 인사를 하고는 김 팀장도 신문을 펼쳐들었다. 8시 50분이 조금 지나서야 출근하는 후배직원을 흘낏 쳐다본 김 팀장의 시선은 곧바로 창가에 놓인 화분으로 옮겨갔다. 그 화분은 작년에 김 팀장의 인사발령 때 관내에서 작은 기업을 운영하고 있는 고등학교 동창인 박 사장이 축하한다며 보내준 화분이었다. 그런데 김 팀장의 잦은 출장으로 인해 최근에 물을 잘 주지 않아서 그런지 화초는 잎이 시들시들해지더니 벌써 죽은 잎사귀가 여기저기 눈에 띄었다. 시들시들한 화초를 보자 김 팀장은 더 기분이 가라앉았다. 김 팀장이 출장을 다닐 동안 팀원들 중 누구도 화초에 관심을 기울이지 않았다는 것이 못내 서운했기 때문이다.

15년 전쯤에 자신이 7급일 때, 계장의 화초를 죽게 했다고 호되게 야단 맞았던 기억이 떠오르자 요즈음 자신의 처지가 왠지 억울하다는 생각까지 들었다. 지금의 후배들에게 만약 이런 일로 야단을 쳤다가는 시대에 뒤떨어지는 사람으로 취급되어 무슨 봉변을 당할지 모를 일이다.

과거에는 윗사람을 극진히 모시는 일이 당연한 문화로 형성되어 있었다. 그때는 하다못해 개인적인 일까지도 도와드리는 것이 당연한 일이었지만, 지금은 그러한 생각을 가지고 있는 것조차 시대에 뒤떨어진 사람으로 인식되고 있는 것이다. 그래서 동기들끼리 모여서 가끔 술자리를 할 때는 그러한 푸념을 종종 늘어놓기도 하였다. 자기들은 옛날 습관이 남아 있어서 윗분들을 잘 모시지만, 자신들은 정작 그런 대우는 꿈도 꾸지 못한다는 등의 이야기가 자연스럽게 나오곤 했던 것이다.

11:55 \ 점심식사 \ 청사 1층 현관

공직생활을 시작한 지도 벌써 30년이 지났다는 사실이 왠지 서글프다는 생각을 하면서 김 팀장은 청사 1층 현관에서 동기들을 기다리고 있었다.

오늘 점심을 동기인 4명의 다른 팀장들과 같이 하기로 약속하였던 것이다. 그간 근무를 같이 하면서도 서로의 업무가 바쁘다는 핑계로 자주 얼굴을 보지 못하다가 어제 점심식사 후, 사무실로 들어오다 만난 감사팀의 박 팀장과 점심약속을 하고 동기들에게 일일이 전화를 걸어 오늘 점심을 같이 하기로 한 것이다.

김 팀장은 이미 30분 전에 청사 앞의 보쌈집에 전화로 예약을 해두고는 12시에 현관에서 동기들을 만나 같이 출발하기로 하였다. 약속시간을 잘 지킨 동기들 덕분에 곧바로 식당으로 향할 수 있었다.

동기들과 함께 식당에 들어선 김 팀장은 예약한 자리를 확인하고 자리에 앉았다. 주문한 보쌈이 식탁에 놓이자 자연스럽게 박 팀장이 소주를 주문했다. 김 팀장이 어제 저녁 과음을 했다고 손사래를 치자, 박 팀장은 술은 술로 풀어야 한다며 기필코 잔을 권하였다. 이런저런 이야기를 주고받으며 식사를 마친 동기들은 그간에 우리가 너무 소원했었다는 이야기를 하며, 언제 한번 저녁시간을 내자는 약속과 함께 식당을 나섰다.

13:20 \ 김 팀장의 오후 \ 청사 4층 화장실

낮술을 마신 김 팀장은 얼굴이 붉어져 사무실로 들어왔다. 석 잔밖에 마시지 않았지만 낮술이라 그런지 금방 취기가 올라오는 것이 느껴졌다. 가급적 마신 티를 내지 않으려고 애쓰며 사무실로 들어왔지만, 들어오다 만난 조 팀장이 입에서 술 냄새가 난다고 하였다. 곧바로 칫솔을 챙겨들고 화장실로 간 김 팀장은 평소보다 길게 시간을 들여 양치질을 했다.

오랜 양치질을 끝내고 자리로 돌아와 인터넷을 들여다보던 김 팀장은 오후의 따뜻한 햇살과 함께 졸음이 밀려왔다. 어제 서울에서 온 손님 대접으로 과음을 해서 잠을 충분히 자지 못했을 뿐만 아니라, 점심에 낮술까지 마셔 더 피곤한 느낌이 들었다.

김 팀장은 후배직원에게 어제 서울에서 다녀간 손님과의 미팅결과에 대해 정리가 다 되었는지를 물어보았다.

"박 차관, 어제 투자 타당성 때문에 다녀가신 그 분들 말이야. 반응이 어떤 것 같아?"

"글쎄요? 어제는 별다른 결론을 내릴 수 없는 자리였으니까 좀 기다려 봐야 되지 않겠습니까? 팀장님께서 그렇게 애를 쓰셨으니까 좋은 결과가 있지 않겠습니까?"

"그런데 어제 미팅결과는 정리가 다 되었나?"

"아, 그거요. 제가 오늘 다른 일 때문에 아직 정리를 못 했는데요."

"아니, 아직도 정리를 안 했으면 어떡해. 내일 시장님께서 출장에서 돌아오시면 아침에 바로 보고해야 되잖아."

"어, 그래요? 저는 아직 일이 결론이 난 것도 아니어서 신경도 안 쓰고 있었는데요."

"이 사람아. 꼭 결론이 나야 보고를 하나? 중간에 진행상황을 보고해 드려야 시장님 지시를 받아서 국장님이나 과장님이 업무조치를 취하실 것 아닌가?"

"죄송합니다. 저는 아무 말씀이 없으셔서 안 해도 되는 줄 알고……."

"그걸 꼭 일일이 이야기를 해줘야 하나? 그런 건 기본 아니야. 지금이라도 빨리 작성해서 내일 과장님이 보고하실 수 있도록 해."

김 팀장은 그간의 감정과 더불어 후배직원의 대답에 화가 치밀어 올랐다. 그런데 그 때 다시 들려온 후배직원의 말에 김 팀장은 할 말을 잊어버렸다.

"저…… 팀장님, 죄송한데요. 오늘이 와이프 생일이라 저녁약속을 해놓아서 오늘은 일찍 들어가봐야 할 것 같은데……, 내일 아침에 하면 안 될까요?"

어처구니없는 후배직원의 말에 김 팀장은 머리를 망치로 한 대 세게 얻어맞은 느낌이 들었다.

'내일 아침 회의가 8시 30분에 시작하는데, 평소에도 9시가 다 되어서 출근하는 이 친구가 무슨 수로 보고 자료를 만든단 말인가? 그렇다고 아내 생일이라 일찍 가봐야겠다고 이야기하는 것을 일을 마무리하고 퇴근하라고 하면 또 무슨 원망을 들을지…….'

과거에 김 팀장이 후배직원의 입장이었다면 이런 소리를 한다는 것은 상상조차 할 수 없는 일이었다. 당연히 상사에게 사과하고 집에 전화를 걸어 약속시간을 연기했을 것이다. 하지만 세상이 변해도 너무 변했다. 일보다 가정을 우선시하는 것을 젊은 직원들은 당연한 것으로 생각한다. 남에게 싫은 소리를 못하는 성격 탓에 선택의 여지가 없어진 김 팀장은 수화기를 집어들었다. 아내에게 오늘도 일이 있어서 조금 늦는다는 전화를 하자, 김 팀장의 아내는 언제는 안 그랬냐는 듯이 시큰둥하게 대답했다. 회의 자료를 정리하기 위해 독수리 타법으로 컴퓨터 자판을 두드리던 김 팀장은 자신의 처지가 못내 서글퍼졌다.

금요일

11:00 \ 성과관리팀에서 온 전화 \ 민원봉사실

　방금 전에 성과관리팀의 차석으로부터 전화를 받은 민원봉사실의 주무팀 서무인 박○○씨는 전화를 끊고 나서 기분이 별로 좋지 않았다.

　자신보다 2년 선배인 성과관리팀의 김 차석이 성과관리카드를 빨리 작성하지 않았다고 전화로 질책하는 말을 전해 왔기 때문이다. 자료작성과 관련된 이런 전화를 성과관리팀으로부터 한두 번 받은 것도 아니었지만 이번엔 은근히 짜증이 났다. 자체평가의 전략과제를 작성하라고 부서에 보내온 작성지침서는 도통 무슨 말을 하는 것인지 모를 정도로 복잡했다.

　산출지표를 작성하고, 성과지표를 작성하고, 작성지침서를 들여다보고 있노라면, 도대체 이런 일을 왜 하라고 하는지조차 의심이 갈 정도였다. 지원 부서에서 굳이 이런 과정을 거치지 않아도 밀려오는 민원인을 상대하기에도 바쁜 부서에 업무지원을 어떻게 해줄 것인가를 고민하기보다는, 어떻게 하면 통제를 적절히 하고 평가를 해서 압력을 가할 것인가만 고민하고 있는 것처럼 느껴졌기 때문이다.

더구나 점심식사 직후에 막무가내식의 민원인이 찾아와, 사무실을 한바탕 휘젓고 나간 후라 박 차석은 기분이 더욱 가라앉아 있었다. 게다가 전년도의 부서별 자체평가에 있어서 민원봉사실은 시민만족도평가에서 낮은 점수를 기록하여 하위권의 평가를 받았기에 이러한 평가 작업에 대한 불신은 부서 내에서도 커져 있었다.

'그냥 각자 부서에서 맡은 바 업무만 충실히 잘하면 되는 것이지 무엇을 위해 자꾸 이런 평가를 하겠다고 하는 것인지' 하는 생각을 하며 옆 부서의 차석인 황 차석에게 커피 한 잔 하자며 함께 밖으로 나갔다.

13:00 ＼ 인사발령공고문 ＼ 기획예산과 사무실

아침에 발표된 신입직원 인사발령 자료를 본 기획팀의 이 차석은 이번에도 역시나 하는 생각이 들었다. 이번 인사발령도 이 차석의 바람과는 정반대의 인사결과가 공고문에 발표되었기 때문이다.

그간 시에서는 정부의 행정혁신조치에 맞추어 오랫동안 신입공무원을 뽑지 않고 있다가 작년과 올해에 연속해서 직원을 뽑았다. 치열한 경쟁을 뚫고 입사한 신입직원들의 자질은 정말 우수하다고 생각되었지만 이 차석은 그간의 신입직원 훈련과 인사배치를 보면서 적지 않게 실망한 것이 사실이다. 우수한 직원을 뽑아놓고도 그 재원들을 제대로 활용하지 못하고 있는 것이 마음에 걸렸기 때문이다.

작년도에 뽑은 신입직원도 대부분이 교육을 마치고는 바로 동사무소로 배치되어 일선현장 행정업무를 맡아보고 있었다. 동사무소에 바로 배치된

직원들이 하는 업무를 볼 때, 이 차석은 신입직원을 차라리 처음부터 본청 부서에 배치시켜 적어도 3년 정도는 근무를 하게 하는 것이 바람직하다고 생각했다. 그렇게 본청에서 근무를 시작해야 행정의 전반적인 맥락을 이해할 수 있고, 신입직원들의 다양한 아이디어와 패기를 업무에 활용할 수 있다고 생각해 온 것이다.

실제로 작년에 동사무소에 배치된 신입직원과 업무상 전화연락을 자주 할 수밖에 없었던 이 차석은 1년이 지났음에도 불구하고, 신입직원들의 업무파악상태가 너무나 저조한 것을 보고는 깜짝 놀랐던 적이 한두 번이 아니다. 이렇게 계속 신입직원들을 관리하다가는 우수한 인재들을 바보로 만들어버리는 것이 아닌가 하는 생각까지 들어, 올해는 인사부서의 동기에게 사석에서 이러한 자신의 의견을 이야기한 적까지 있었다.

하지만 오늘 발표된 인사배치결과는 작년도의 인사배치를 그대로 답습하고 있었다. 더구나 작년에 들어온 신입직원 중에는 그 어려운 시험과정을 통과했음에도 불구하고, 공직생활이 적성에 맞지 않는다고 사표를 내고 직장을 그만둔 직원도 나왔었다.

14:00 ＼ 전략과제 ＼ 성과관리팀 사무실

금년도의 성과관리를 위해 각 부서의 전략과제들을 검토하고 있던 김 차석은 책상 위에 쌓인 자료를 바라보며 생각에 잠겼다. 각 부서에 성과관리를 위한 전략과제를 오늘까지 모두 제출하라고 3주 전에 이미 공문을 시달하였지만, 오늘까지 접수된 자료는 80% 정도에 불과했던 것이다. 그나마 제출한 자료들도 전년과 대비해 특별히 향상된 것이 없어보였다.

올해는 의욕적으로 우리 시 행정의 혁신추진과 성과향상을 위해 팀까지 신설하여 성과관리 업무를 전담하고 있는 김 차석의 입장에서 볼 때, 여전히 부서에서 제출한 자료들의 수준은 실망스럽기 짝이 없었다. 또한, 시장님의 의지에 부응하기 위해 전체부서 주무팀의 서무직원들을 별도로 불러 모아 강사를 초빙하여 특별교육까지 실시하였음에도 여전히 직원들은 성과관리제도에 대해 이해를 하지 못하고 있는 것으로 느껴졌다. 김 차석도 업무 추진을 위해 팀장과 함께 교육원에서 실시하는 교육까지 다녀온 입장이라 올해는 정말 의욕적으로 제도를 정착시키고 싶은 욕구가 강했다. 더구나 전년도에 인근의 으뜸시가 자체평가 운영과 관련하여 정부로부터 우수기관으로 선정된 것과 관련하여 시장님께서 무슨 수를 써서라도 올해에는 우리 시도 평가업무를 제대로 운영하라는 특별지시를 하셨기에 더욱 더 마음이 조급해졌다.

하지만 오늘 접수된 자료들은 여전히 운영지침에 대한 이해가 부족한 것으로 느껴졌으며, 심지어 제출해야 하는 양식에 대해서도 제대로 이해하지 못하고 작성한 과제들이 너무 많아 보였다. 지표를 설정함에 있어서도 어느 것이 산출지표이고, 어느 것이 성과지표인지를 이해하지 못하여 뒤죽박죽으로 섞여 있는 전략과제들이 지금까지 검토한 자료에서 많이 발견되었다.

답답한 마음에 김 차석은 팀장에게 말을 건넸다.

"팀장님, 아직도 직원들이 운영지침을 제대로 이해하고 있지 못한 것 같습니다. 제출된 자료들이 너무 엉망인데요."

"도대체 어느 정도인데 그래? 그동안 교육도 두 번이나 실시했잖아, 그

정도 교육을 했으면 자료작성은 제대로 해야 할 것 아니야."

"그러게요. 자기들이 하는 일의 지표가 뭔지에 대한 개념도 거의 없습니다. 이거 참 맥이 빠져서……, 그리고 10여 개 정도 부서는 오늘이 마감인데 아직 제출도 하지 않았습니다."

"뭐야! 어느 부서야, 리스트 뽑아줘. 내가 과장님께 말씀드려서 다음 주간부회의에서 공개적으로 이야기해버릴 테니까. 도대체 과장들은 뭐하고 있는 건지 원……, 평가결과가 자신들의 성과 상여금 결정에 그대로 반영된다는 것을 아직도 모르나?"

지금까지 행복시청에 근무하는 공무원들의 일주일간 일상을 가상으로 간략하게나마 그려보았다. 여러분이 속한 조직은 어떠한가? 앞에서 기술한 각 요일별 상황의 모습과 어떠한 차이가 있는가? 아주 많이 다르기를 바란다. 하지만 아직도 많은 자치단체를 비롯한 공공조직에서의 일상은 앞에서 그린 요일별 모습과 크게 다르지 않다는 것이, 유감스럽지만 사실이다.

왜 이런 현상이 나타나고 있으며, 무엇을 개선해야 할 것인지에 대해 지금부터라도 진지하게 고민해봐야 한다.

그동안 정권이 바뀔 때마다 행정혁신을 부르짖어 왔으며, 국가경제가 어려울 때마다 공직사회에 대한 부정적인 인식이 되풀이되어 왔다.

행정 환경은 갈수록 복잡다단해지고 있다. 행정에 대한 투명성의 요구도 갈수록 증대되고 있다. 시늉만 내면 별 문제가 없었던 상황에서 이제는 정말 뼈를 깎아내는 고통을 동반한 노력이 없는 행정기관은 점점 설 땅을 잃을 수밖에 없을 것이다. 외부의 시선이 무서워서가 아니라 공직에 종사하는 공직자 스스로를 위해서 혁신을 해야 할 필요성이 대두되고 있다.

스스로 일하는 즐거움을 느끼는 공직생활, 활력이 넘치는 공직생활, 상호 신뢰의 문화가 형성되는 공직생활을 위해 앞에서 제시한 상황에 대해 문제점은 무엇이며, 우리가 해결할 수 있는 방법은 무엇인지에 대해 함께 고민해보자.

공공부문의 경쟁력은 공직자 개인이 행복한 느낌을 가지고 일할 수 있는 환경이 바탕이 되어야 한다. 조직에서 일하는 구성원이 조직생활이 재미없고 일할 맛이 나지 않는다고 느끼면 아무리 좋은 이야기를 해도 소용이 없는 것이다. 아무리 좋은 혁신의 기법과 제도가 도입되더라도 정작 그 업무를 수행할 개인의 마음이 동하지 않으면 아무런 소용이 없게 되는 것이다.

행복한 공무원은 행복한 조직을 만든다. 행복한 조직은 탁월한 성과를 낳는다. 그리고 탁월한 성과를 낳는 공공조직이 많을수록 국민은 행복해진다.

PART 2

행복을 위한 질문

누구나 행복을 꿈꾼다.

자신의 행복을 꿈꾸고 가정의 행복을 꿈꾼다.

하지만 우리는 다른 이의 행복을 위해서는 얼마나 노력하고 있는지?

나와 내 가정의 행복을 생각하는 만큼 내 옆에 앉아 있는 사람의 행복을

위해 고민해본 적이 있는가?

행복은 스스로의 노력만으로는 이루는 데 한계가 있다.

가정에서도 가족의 도움이 있어야 진정한 행복을 느낄 수 있다.

조직에 있어서도 마찬가지다.

당신이 행복한 조직생활을 꿈꾼다면 내 동료를 행복하게 할 수 있는

방법이 무엇인지를 고민하고 실천하라.

그것이 더불어 행복해지는 비결이다.

QUESTION 1 ＼ 회의(會議), 회의(懷疑)?

■ 누구를 위한 회의인가

앞서 제시한 월요 간부회의의 장면이 무엇을 위한 회의인지 여러분은
간파하였는가? 회의의 진행내용을 보면 전체 부서가 공히 지난주에는 무
엇을 하였고, 이번 주에는 무엇을 하겠다는 내용이 대부분이다. 이러한 보
고를 하기 위해 이른 아침부터 자치단체의 전체간부들이 모였던 것이다.

이것은 회의의 모습이라기보다는 보고회나 정보전달모임에 차라리 가
깝다. 단체장 한 사람을 위한 정보를 보고하기 위해 전체 조직의 간부가
월요일 아침부터 그 귀중한 시간을 할애하고 있는 것이다. 한 사람을 위한
보고자리가 아니고 타부서와의 업무사항을 공유하기 위한 자리이며, 이러
한 자리를 통해 자치단체의 전반적인 정보를 소통할 수 있다고 말할 수도
있다. 하지만 진정으로 그러한가? 진정으로 정보공유를 위한 자리라고 이
야기하기에는 치러야 하는 대가가 너무 클 뿐만 아니라 다른 방법을 택할
수도 있지 않은가?

간부들의 정보공유를 위한 회의라고 한다면, 회의에 참석한 간부들이

타부서의 발표사항에 대해 진정으로 관심을 표명하고 숙지해야 하지 않은가? 그리고 회의 때 나온 안건에 대해 보다 발전적인 방안이 토의되어 결과가 도출되어야 하지 않은가?

보고를 위한 회의를 하다 보니 굳이 보고하지 않아도 될 내용들이 다수 포함되어 있고, 또한 정해진 순서에 따라 진행하다 보니 다음 발표자는 정작 회의의 내용보다 자신이 발표해야 할 사항에 대한 사전 준비를 하고 있는 경우가 더 많다. 더욱이 전 주에 좋지 않은 언론보도로 인해 앞 순서의 발표자가 질책이라도 당하면, 다음 발표자들은 더욱 긴장하여 회의내용 자체에는 아예 관심을 가질 수 없게 된다.

그리고 회의가 종료되고 나면, "오늘은 어느 부서의 어느 과장이 보고를 잘못하여 깨졌다"라는 소문이 청 내에 돌게 되고, 그런 소문을 듣게 된 해당부서 직원들은 그날 하루를 숨죽여 보내며 과장의 눈치를 살피는 상황도 벌어지는 것이다.

이러한 풍경들은 모두 회의를 어느 한 사람만을 위한 보고의 자리로 인식하고 있기 때문에 발생하는 것이다. 지시한 업무나 새로이 발생한 업무에 대하여 진행경과를 보고하는 것이 회의로 인식되어 있기 때문에, 회의의 과정에서 단체장에게 지적당하지 않는 것이 최대의 목표가 되는 기현상이 발생하는 것이다. 그러다 보니 회의를 주최하는 단체장은 깊이 있는 이야기를 들을 수 없어서 답답하고, 참석한 간부들은 동료들 앞에서 망신당하지 않기 위해 애쓰는 이상한 회의가 되어버리는 것이다. 이는 단체장이 평소 직원들에게 엄한 모습을 보여준 경우에는 더욱더 심하게 나타날 수 있다.

더구나 요즘은 간부회의를 모니터로 직원들이 볼 수 있도록 하는 기관도 많은데 시청자의 입장에서 보면 정말 엄숙하고 재미없는 프로그램을 시청하는 것이다. 모두가 굳은 표정으로 발표하고 굳은 표정으로 듣고 있는 딱딱한 모습이 연출되고 있으며, 회의가 끝나고 회의장을 나설 때에야 비로소 본래의 살아 있는 얼굴표정으로 돌아온다. 그래서 회의참석대상자들은 회의가 조금 일찍 끝나거나 아예 생략되는 경우, 마치 큰 횡재를 한 것처럼 반기는 현상까지 벌어지는 것이다.

❷ 토론은 필요 없다

공공기관에서 개최되는 간부회의를 외부인의 입장에서 바라보면, '왜 꼭 이러한 형태로 밖에 회의를 개최할 수 없는 것인가?' 하는 생각이 들 때가 많다. 회의가 무슨 지시사항전달을 위한 자리는 분명히 아닐진대 그러한 형태의 회의가 수시로 열리는 것이다. 보고하고 보고받고, 지시하고 받아서 적고, 도대체 회의에서 한 사람의 생각만이 중요한 안건이 되고 그것을 열심히 받아 적는 식의 회의가 왜 필요할까? 업무보고와 지시는 사안이 별도로 있을 경우, 해당되는 간부와 미팅을 통해서 하거나, 전화로 해도 될 것을 왜 전체 간부를 불러서 모아놓고 회의를 진행하는지 의구심이 드는 것이다.

회의를 진행하는 도중에 특별한 사안과 관련하여 간부들의 의견을 물어보는 경우에도, 별도로 한 사람을 지명하지 않으면 누구도 선뜻 나서서 자신의 의견을 당당하게 말하는 경우가 많지 않다. 가만히 있으면 2등이라도 한다' 라는 생각과 '내 소관부서의 업무가 아닌 것을 괜히 나서서 이야기했다가 그 업무를 맡고 있는 부서장과 갈등이 생기는 것은 바람직하지 않다' 라고 생각하는 것이 지배적이기 때문이다. 오랜 공직생활의 경험에서 터득한 노하우가 바로 나서지 않는 것이 이롭다는 것임을 잘 알고 있기 때문이다.

사정이 이렇다 보니 토론을 중심으로 진행되는 회의가 아니라 자신의 업무만을 보고하고 그에 대해 지시를 받는 형태의 회의가 계속되고 있는 것이다. 이러한 회의문화를 바꾸어보려고 생각했던 단체장도 처음에는 바꾸기 위한 시도를 한두 번 하다가, 나중에는 결국 포기하고 기존의 방식대로 진행을 하게 되는 경우가 많다. 간부회의가 이렇다 보니 국장회의나 과장회의도 모두 이런 형태로 진행되는 것이 대부분이다. 회의에 참석하는 직원들도 윗사람이 회의를 주재하면 가급적 말을 아끼고 열심히 받아서 적는 '받아쓰기' 회의의 양상이 오늘도 계속되고 있는 것이다.

이런 식의 회의는 환경의 변화가 없어서 어제 한 일과 오늘 할 일, 그리고 내일 해야 할 일이 크게 다르지 않을 경우에 해당되는, 진행상황을 점검하기 위한 형태의 회의이다. 하지만 지금의 행정환경이 그러한가? 과거에는 생각지도 못했던 새로운 업무들이 계속 발생하고 있으며, 그러한 업무를 제대로 추진하기 위해서는 서로가 머리를 맞대고서 열심히 토론하여 다양한 관점에서 수평적인 검토를 해야 하지 않는가? 그런데도 여전히 윗사람의 생각에 따르는 업무추진을 지속하다 보니 일의 진행방향이 엉뚱하게 흘러가버리거나 깊이 있는 업무추진을 하지 못하고 있는 것이다.

한 사람의 생각은 두 사람의 생각이 합쳐진 것에 비해 다양성이 부족하다. 행정기관에서 발간하는 홍보물의 경우를 보더라도 이러한 다양성의 부족이 여실히 드러난다. 홍보물을 보는 고객입장에서 다양하게 검토하는 것이 부족하여, 공급자의 입장만을 강조하고 있는 경우가 많다. 그래서 도대체 무슨 말을 하고 있는지를 파악하려면 한참을 들여다보아야 비로소 그 의미를 알 수가 있다.

이러한 것이 바로 조직 내에 '토론하는 문화'가 부족함으로 인해 발생하는 현상이다. 업무의 진행이 해당부서의 라인에서만 진행되기 때문에 다양한 의견을 수렴하는 데 한계를 가질 수밖에 없는 것이다. 이러한 수직적이고 단선적인 조직문화는 토론을 불필요한 것으로 만들어버린다. 하지만 이로 인한 피해는 누가 보고 있는가?

❸ 무엇을 위해 전자회의를 실시하는가

요즈음은 종이 없는 전자회의가 대세가 되어 회의 시에 노트북을 활용하여 회의를 진행하는 경우가 많다. 더구나 회의 자료도 파워포인트가 일반화되어 내용을 빔 프로젝트를 통해 비추고, 그에 따라 발표하는 조직도 많다.

하지만 이러한 전자회의의 취지가 무엇을 위한 것인지 짚고 넘어가야 할 필요가 있다. 외견상의 모양새를 위해 전자회의를 실시하고 있지는 않은지 각자의 조직에서 생각해보아야 한다. 노트북을 비치하고 빔 프로젝트를 설치하였다고 해서 그 조직이 시대의 흐름에 맞도록 정말 효율적으로 회의를 잘 실시하고 있다고 이야기할 수는 없다.

물론 전자회의를 시작한 이후 회의에 참석하는 사람들에게 배부되는 회의자료가 없어져서 종이의 양이 훨씬 줄어든 것은 사실이다. 하지만 회의장소에서의 종이는 줄어들었지만 그 이면은 어떠한가? 각 부서에서 팀장이나 과장에게 보고하기 위해 출력하는 종이는 그대로이지 않은가? 오히려 결재과정에서 내용수정이 많아질 경우, 발생하는 종이의 양이 더 늘어나지는 않았는가? 또한 회의참석자는 자신의 보고내용을 여전히 한 부씩 출력해서 중요사항은 별도로 메모하여 보고하고 있다.

전자회의를 실시하는 목적이 무엇인가? 종이의 낭비를 줄이기 위한 목적도 있지만 그것이 전부인가? 혹시 디지털시대에 살고 있는 만큼 그에 걸맞은 디지털문화를 행정조직이 앞서서 실천하고 있는 모습을 보여주기 위해서인가? 아니면 정보화시대에 맞도록 정보화 마인드로 무장하고 우리 조직은 시대에 뒤떨어지지 않기 위해서 이렇게 열심히 노력한다는 모습을 보여주기 위해서인가?

도구는 목적을 위해 사용되는 것이다. 회의를 하는 목적이 무엇인가? 한 조직에서 실시하는 간부회의가 조직의 장을 위한 정보보고와 간부간의 정보교류가 목적이라면 훨씬 더 효율적인 방식을 고민해보아야 하지 않는가? 전자회의라는 형식으로 실시하고 있는 회의가 오히려 비능률적이라면 방식을 바꾸어야 할 필요도 있다. 더구나 회의를 하지 않고 그 목적을 달성할 수 있는 방법이 있다면 당연히 그 방법을 채택해야 한다.

뒤에 회의의 목적에 따른 종류를 설명하겠지만, 매주 개최되는 간부회의가 정보를 알려주고 보고하기 위한 정보전달모임이라면 그 목적 달성을 위해 가장 쉽고 정확하게 정보를 전달할 수 있는 방식을 활용해야 한다.

그것이 인트라넷(intranet)을 활용한 것이든, 빔 프로젝트를 활용한 것이든, 노트북을 활용한 회의방식이든 간에 회의의 목적에 맞는 방식을 찾아야 하는 것이다. 보고하고 지시받는 회의에서 전자회의라는 명분을 사수하기 위해 오늘도 회의내용을 컴퓨터에 일일이 깔아놓는 수고를 하고 있는 것은 아닌지 생각해봐야 한다.

4 1시간의 회의를 위해 투입되는 시간은

한 번의 간부회의를 실시하기 위해서는 직원들이 많은 시간을 할애해야 한다. 조직의 규모에 따라 다르겠지만 읍·면·동을 포함하여 40여 명의 과장이 있는 자치단체의 경우, 한 부서에서 회의자료를 만들기 위해 투입되는 시간을 개략적으로 계산해보면 다음과 같다.

1) 개별팀에서의 회의 자료의 작성과 정리 : 30분❷

2) 주무팀에서의 과 전체 회의 자료 정리 취합 : 60분

3) 과장의 결재와 수정 시간 : 30분

한 과의 팀 수를 평균적으로 4개로 산정했을 경우

1)의 업무에 과 전체로 보면 120분

2)와 3)을 합쳤을 경우, 210분의 시간이 소요된다.

이것을 전체 부서의 숫자와 곱해보면 8,400분이라는 시간이 소요되며,

---

❷ 자치단체의 경우에 따라 회의자료의 준비시간은 늘어날 수도 줄어들 수도 있지만 준비하는 과정에서 상사의 이석이나 자료취합의 지연 등을 감안하여 평균적인 개념으로 산정한 시간이다.

기획부서의 취합 업무까지 합하여 산정하면 더욱더 많은 시간을 필요로 한다. 시간으로 환산하더라도 140시간이라는 많은 시간이 투입되는 것이다.

여기에 회의를 개최하는 시간까지 산정해보기로 하자. 회의 참석자의 수가 단체장, 부단체장과 진행요원을 포함하여 전체 45명이라고 가정할 경우, 1시간 동안 개최되는 회의는 개인의 시간 총합을 구하면 45시간이 소요되는 것이며, 여기에 외청 부서에서 회의참석을 위해 소요되는 왕복 시간의 개념까지 포함시키면 어림잡아 20시간 정도가 필요할 것으로 추정된다. 즉, 준비시간 140시간, 회의시간 45시간, 이동시간 20시간으로 총 205시간이 이러한 간부회의를 위해 투입되어야 하는 것이다. 물론 이 것이 단순한 숫자상의 계산일 수도 있지만, 1시간짜리 간부회의를 실시하기 위해 조직 전체가 지불해야 하는 시간은 이토록 엄청나다는 사실을 말해준다.

또한 회의의 참석자가 그 조직에 있어서 가장 연봉이 높은 간부들임을 감안하여, 간부들의 시간당 임금을 회의에 소요되는 시간에 반영하면 1시간짜리 회의를 위해 지불해야 하는 비용이 실로 크다는 것을 알 수가 있다.

QUESTION 2 ＼ 누가 미래를 설계해야 하는가

⬛ 누구의 미래인가

많은 기관에서 조직의 장기적인 발전을 위해 비전을 수립하는 용역을 실시하고 있다. 물론 일부 기관에서는 직원들로 구성된 임시조직(task force team)을 만들어 직원들이 직접 만드는 경우도 있다. 하지만 아직까지 이러한 현상은 지극히 드문 것이 현실이다. 그러면 여기서 한번 생각해보자. 조직의 발전을 위해 설계하는 미래계획은 누가 세우는 것이 정답인가?

언뜻 답이 떠오르지 않는다면, 가정(家庭)의 경우를 생각해보자. 가족이 추구하고자 하는 미래의 모습을 설계할 경우에도 마찬가지의 원리가 적용될 수 있다. 우리 가족의 10년 후 미래상을 그리는 주체가 누구여야 하는가? 그 답은 너무도 자명하다. 가족의 미래를 설계하는 주체는 당연히 가족이어야 한다. 옆집에 고명하신 교수님이 살고 있으니까 그분에게 우리 가족의 10년 후를 설계해 달라고 부탁하는 가족은 없다. 왜 그런가? 바로 나의 일이고 우리가족의 미래모습이기 때문이다.

가족의 구성원 각자가 자신의 10년 후 모습을 그려보고 이루고자 하는 이상향을 설계하는 것이 당연한 것이며, 각자의 꿈에 따라 자신이 잘 모르는 분야가 있으면 주위의 선배나 친구 혹은 전문가에게 도움을 청하고, 그들의 조언을 참고삼아 자신이 이루고자 하는 미래의 모습을 구체화해가는 것이다. 이렇게 스스로 그린 미래의 계획서는 자신의 책임하에 이루어 나갈 수 있는 것이며, 환경이 변화하거나 여건이 변했을 경우, 그에 맞도록 스스로 재조정할 수 있는 것이다.

그런데 이것이 공조직에서는 왜 용역이라는 이름으로 바뀌어 외주를 주는 것이 당연한 것으로 받아들여지고 있는가? 전문성이 부족하기 때문에 외부의 전문가에게 맡기는 것이 가장 효율적인 방법이라고 이야기할 수도 있다. 하지만 지금까지 그러한 이유에서 실시하였던 외부용역의 효과가 어떠하였는가? 스스로의 노력을 기울이지 않고 외부에 용역을 의뢰한 미래계획서가 제대로 활용된 적이 있는가?

유감스럽게도 그러한 경우는 거의 찾아보기가 힘들다. 그저 초기의 보고서가 접수되었을 경우에만 잠깐 빛을 발하고, 보고서에서 제시한 슬로건이나 구호를 몇 년 동안 써먹고는 대부분 문서보관 창고 속에서 먼지만 뒤집어쓰고 있지 않은가? 그 이유를 물어보면 대부분 '실현가능성이 별로 없어서'라는 대답이 주류를 이룬다. 그림은 좋은데 실현가능성이 없다는 이야기다.

이쪽의 보고서에서도 첨단산업의 유치가 제시되어 있고, 또 다른 자치단체의 보고서에도 첨단산업의 유치가 제시되어 있다. 첨단산업이 좋은 것인지 누가 몰라서 안하는 것이 아니다. 첨단산업의 기반이 그렇게 확충되어 있지 않을뿐더러 첨단산업을 자치단체가 앞 다투어 유치할 만큼 그러한 업종의 기업이 풍부하지도 않은 것이다. 오히려 그러한 과제는 중앙정부나 광역자치단체의 차원에서 보다 심도 있게 거론되어야 할 사항이다.

사정이 이러한데도 장기종합발전계획을 위해 지금도 용역예산을 세우고 과업지시서를 작성한다. 감히 스스로의 힘으로 세워보고자 하는 엄두도 내지도 못한 채 말이다. 직원들의 힘으로 스스로 세워보자고 이야기했다가는 다른 부서의 직원들로부터 지금의 업무를 하기도 바쁜데 쓸데없는 일을 만든다고 핀잔을 듣기가 십상이며, 오랜 시간이 소요되는 작업이니만큼 그것을 끝낼 수 있을지도 의문시되기 때문이다. 또한 스스로도 우리가 과연 그러한 작업을 할 수 있는 능력이 있느냐 하는 의구심으로 인해 작업을 시도하기가 여간 어려운 것이 아니다.

하지만 그 지역의 실상을 가장 잘 알고 있는 사람이 누구인가? 제 아무리 우수한 전문가라고 하더라도 지역의 실상을 제대로 파악하기 위해서는 몇 개월이상의 시간이 소요된다. 현상을 파악하고 지역의 관계자들과 인터뷰하고 적합한 미래 방향을 결정하는 데에만 프로젝트의 반이 소요되는 것이다. 그렇다고 해서 현상에 대한 정확한 파악이 이루어지는 것도 아니다. 겉으로 드러난 사실 이외의 이면에 대한 것은 파악을 하지 못하는 것이 대부분이다. 이러한 상태에서 미래계획을 수립하다보니 시간에 쫓기는 계획서가 탄생할 수밖에 없다. 그래서 오늘도 실행할 수 있는 계획서가 아닌 그림만 멋있는 계획서가 만들어지고 있다.

각 가정마다 특성이 다름에도 불구하고 모두에게 판검사 집안이나 의사 집안이 되는 것을 목표로 하라고 이야기할 수는 없다. 가족 구성원 모두가 발전을 위해 자신들의 장단점을 분석해보고 실현가능한 최선의 비전을 만드는 것이 이러한 현상을 방지할 수 있다. 자발적인 의지로 스스로의 계획을 세우는 것이 바람직한 것이다. 그것은 다른 사람의 미래가 아닌 바로 나의 미래, 우리 가족의 미래이기 때문이다.

❷ 어떻게 하든 만드는 것이 중요하다

공조직에서 미래 비전을 설계하는 장기발전계획을 수립하기 위해 이루어지는 일들은 주로 기획업무를 담당하고 있는 부서에서 전격적으로 이루어진다. 장기발전계획의 수립은 전체 조직에 모두 해당하는 사항이지만, 그 업무의 추진부서가 기획부서라는 이유로 실제로 다른 부서는 크게 신경을 쓰지 않고 있는 것이 현실이다. 이것은 장기계획수립을 예산집행에 따른 용역사업으로 인식하여 사업예산집행의 주무부서인 기획실 업무로만 생각하는 것이 그 이유이다. 그리고 주무부서인 기획부서의 일들도 그 업무 자체가 행정적 업무처리가 주된 것이라고 생각하는 것이다.

즉, 기획부서의 주요업무가 용역의 발주이전에는 소요예산의 상정과 예산 확보이며, 예산확보 후에는 공정한 용역의 발주가 가장 중요한 업무라고 인식하고 있는 것이다.

물론, 기관이나 사람에 따라 이 업무를 인식하는 정도의 차이는 있다. 용역의 발주 후에도 내실 있는 보고서의 탄생을 위해 꾸준히 노력하는 것이 가장 중요한 일이라고 생각하는 사람들도 있다. 하지만 생각만 그러할 뿐 막상 업무의 추진에 있어서는 이런저런 업무의 핑계로 이를 실천하기가 쉽지가 않은 것이 현실이다. 예산을 확보한 후, 과거의 서류나 이미 시행한 경험이 있는 다른 공조직의 서류를 토대로 과업지시서를 작성하고 입찰공고를 통해 용역업체를 선정하게 된다. 이때까지만 하더라도 의욕에 넘쳐 일을 추진한다.

하지만 이러한 일련의 과정이 끝나고 계약이 성사되고 나면 어떠한가? 용역업체인 연구기관과 과업의 범위에 대한 주요 주문사항을 전달하고, 다른 부서의 직원들에 대한 자료의 협조요청과 워크숍 등을 진행하고 나면 담당자는 지치게 된다. 담당자가 맡고 있는 업무가 그 업무만 있는 것이 아닐 뿐만 아니라 타부서의 협조를 요청하는 과정에서 그들의 비협조적인 태도를 접하고는 '내가 꼭 이렇게 이 업무에 열정을 쏟아봐야 별 소용이 없다' 라는 생각을 하게 되는 것이다. 그래서 초기의 행정적인 업무처리를 끝내고 나면 크게 신경 써야 할 일이 없는 것과 마찬가지가 되는 것이다. 그러한 이유로 보고서가 나온 후에 그 내용을 해당 부서에 회람을 돌려 의견을 구하고, 공청회를 실시하고, 보고회를 개최하는 등의 행정적인 업무지원이 주가 되는 것이다.

이러한 사정이다 보니 과거 민선이 막 시작되었을 무렵의 장기종합발전계획서에는 웃지도 못할 일들이 벌어졌었다. 1년의 시차를 두고 장기종합발전계획을 발주한 자치단체 두 곳의 결과 보고서 내용이 이름만 바뀌었을 뿐, 그 내용은 거의 대동소이한 형태로 납품되는 일이 벌어진 것이다. 이러한 사실도 용역이 완료되고 난 후 한참이 지나서야 밝혀지게 된 것이다.

왜 이런 일이 벌어졌는가? 이러한 사태의 책임은 누구에게 있는가? 물론, 연구를 진행한 기관의 연구자들의 기본적 양심을 탓할 수도 있지만, 보다 큰 책임은 용역을 발주한 자치단체에 있는 것이다. 막대한 예산을 들여 시작한 연구과제이면 그에 걸맞은 관심과 애정을 기울여야 한다. 먼저 발주부서의 담당자들부터 연구의 진행과정과 그 내용에 대해 깊이 있게 관여해서 보다 현실성 있는 결과가 도출될 수 있도록 적극적으로 노력해야 한다.

그것은 사업부서에서도 마찬가지다. 용역을 발주한 부서가 기획실이니만큼 죽이 되든 밥이 되든 기획실에서 알아서 하라는 식의 무관심은 결국 졸작을 낳게 할 뿐이다. 평소에 생각하고 있던 자기 업무의 미래 비전에 대해 끊임없이 의견을 제시하고, 연구자들과의 교감을 통해 자신들이 부족했던 부분의 역량을 강화하려는 노력을 기울여야 한다.

자기가 살게 될 집의 공사를 맡기면서 공사업자에게 알아서 잘 지어달라고 부탁만 하고 관여하지 않는 사람은 드물다. 전체적인 윤곽과 가족의 생활패턴 그리고 기호사항 등을 빠짐없이 알려주고 자신이 원하는 대강의 모습을 주문하는 것이 당연한 일이다. 그리고 공사의 과정에 있어서도 원하는 대로 작업이 이루어져 가고 있는지를 끊임없이 살펴보고 자신의 의견을 개진하는 것이 일반적인 주인의 모습이다.

물론 집을 짓는 건축행위와 장기발전계획을 수립하는 것이 근본적으로 같을 수는 없다. 하지만 전체적인 맥락에서 그러한 자세를 가져야 한다는 점에서는 큰 차이가 없다고 할 수 있다. 자치단체의 현황을 누구보다 잘 알고 있는 공직자들이 장기발전계획의 수립에 있어 방관자적인 입장을 견지한다면 제대로 된 발전계획이 수립될 수 없는 것이다.

❸ 조직구조가 중요하다

　행복시의 일주일간의 일상 중 용역보고회에서의 모습을 다시 살펴보자. 장기발전계획 보고회에 있어서의 질문내용이 대부분 조직의 구조와 연관되어 있었음을 기억할 수 있을 것이다. 물론 이러한 모습은 그렇게 흔하지 않다고 이야기할 수 있지만, 장기발전계획에 대한 보고회임에도 불구하고 현재 자신이 맡고 있는 부서의 구조가 통폐합되는 것으로 얘기가 나오면 아직도 그것에 대해서만 관심이 집중되는 현상을 심심치 않게 볼 수 있는 것 또한 사실이다.

　왜 이러한 현상이 나타나는가? 미래 비전에 대한 이야기를 하면서 눈앞에 닥쳐올 작은 변화에 민감하게 반응하는 것인가? 그 원인은 의외로 단순하다고 할 수 있다. 장기적인 관점과 전체적인 입장에서 자신이 속해 있는 조직의 미래를 심도 있게 고민해보지 않았기 때문이다. 지방행정의 업무는 대부분 집행의 성격을 가지기 때문에 상부의 지침이나 지시에 따라 자신들은 성실하게 업무를 수행하면 된다는 생각이 아직도 남아있기 때문인 것이다.

　하지만 지금은 지방자치시대이다. 기존의 관선시대와는 다른 행정의 패러다임이 적용되고 있는 시대인 것이다. 중앙정부에서도 지방자치시대에 맞게 각종 정책의 전개를 기존의 하향식 추진방식에서 상향식 추진방식으로 바꾸어 추진하는 것이 대세이다. 지역의 발전이나 조직의 관리에서 재정의 운용에까지, 갈수록 이러한 자치의 영역은 확대되어 나가고 있다.

　그런데 실상은 어떤가? 아직도 관선시대의 향수에서 벗어나지 못하고 있는 사람들, 특히 고위직으로 올라갈수록 지방자치의 폐단을 이야기하고 있는 사람들이 여전히 많다는 것은 아이러니가 아닐 수 없다. 이러한 사람들일수록 진지하게 자신이 소속되어 있는 기관에서 고객과 조직의 미래를 진지하게 고민하거나 현재의 제도를 활용하려는 노력을 제대로 하고 있지 않은 경우가 많다. 사정이 이렇다 보니 장기발전계획을 이야기하는 자리에서 조직의 구조와 관련된 질문을 쏟아내고 있는 것이다.

행정조직은 순환보직제도를 채택하고 있다. 자신이 맡고 있는 직무가 인사발령에 의해 언제 바뀔지는 아무도 모르는 것이다. 하지만 이러한 사실에도 불구하고 맡고 있는 동안에 자신의 직무가 통합이 되거나 다른 부서로 이관되는 것을 극히 두려워한다. 자신이 그 업무를 맡고 있는 동안에 그러한 일을 당하면, 마치 자신이 능력이 없는 것으로 인식되는 것처럼 생각하는 사람이 많은 것이다.

하지만 시간이 흐른 뒤에 누가 그러한 사실을 이야기하는가? 정작 조직 내에서 그에 대해 이야기하는 사람은 아무도 없다. 신분의 안정이 보장되어 있는 가운데에서 그러한 직무의 통폐합은 아무런 영향을 미치지 못한다. 전체적인 조직의 입장에서 생각하는 훈련이 되어 있지 않음으로 인해서 아직도 이러한 현상이 발생하는 것이다.

조직은 살아 있는 유기체이다. 환경의 변화와 수요의 변화에 대응하여 능동적으로 움직일 수 있어야 한다. 새로운 기능이 요구되고 기존의 기능이 쇠퇴하면, 그에 맞추어 즉각적으로 변신하는 것이 살아있는 조직인 것이다.

❹ 경영방침은 포괄적이어야 한다

자치단체별 홈페이지에 수록되어 있는 경영목표와 경영방침을 한번 살펴보자. 이는 각 기관이 추구하고자 하는 가치가 문장으로 표현되어 있는 것이라 할 수 있다. 자치단체의 특성에 따라 시정목표나 시정방침, 군정목표와 군정방침 그리고 구정목표와 구정방침이라는 형태로 기술되어 있다. 그런데 이러한 시정목표나 방침들을 어느 자치단체의 것이라고 표기를 하지 않고 살펴보면, 어느 것이 어느 자치단체의 것인지를 파악하기가 어렵다.

이것은 무엇을 이야기하는가? 모든 자치단체가 공통으로 활력 있는 지역경제를 이야기하고 있으며, 선진복지 시스템 구축과 문화와 교육을 이야기하고 있으며, 투명한 행정을 이야기하고 있다. 즉 행정의 영역인 경제·사회·복지·문화·관광·교육·도시관리 등의 모든 분야를 망라하고 있다는 것을 알 수 있다. 모든 분야를 망라하고 있다고 해서 나쁘다는 것이 아니다. 모든 분야를 방향성 없이 나열해 놓은 것이 문제라는 것이다. 방향성이 없다는 것은 조직의 구성원에게 막연한 상상만을 초래할 뿐이다. 현란한 용어를 사용하여 그럴듯하게 포장하는 것이 경영방침은 아니다.

민선지방자치시대에 우리가 해야 할 일의 방향이 어떠한 것인지 명확히 해야 하는 것은 여러 면에서도 필요한 일이다. 막연한 방향성은 모든 분야를 아우르는 것으로 나타난다. 경제도 살려야 하고, 복지도 챙겨야 하고, 교육도 챙기고 문화관광분야도 챙겨야 하다 보니 전략적인 사고로 접근을 하기가 어려워진다.

우리 지자체의 10년, 20년 후의 모습이 똑같을 수는 없다. 최종적으로 우리가 도달하고자 하는 모습을 각 자치단체의 특성에 맞게 분명하게 그릴 필요가 있다. 우리나라의 지방자치단체는 겉으로 보기에는 비슷해 보여도 가지고 있는 자원이나 여건 등에서 모두 나름대로의 특성이 있다. 각 자치단체는 각자의 특성에 맞는 비전을 개발해야 한다.

명확한 비전은 명확한 전략을 수반한다. 명확한 전략은 더불어 개인이나 부서의 차원에 있어서도 각자가 해야 할 사명을 명확히 하게 만든다. 사명이 명확해지면 실천해야 할 업무의 모습도 명확해진다. 이렇게 명확해진 사명에서 각자의 조직 구성원이 스스로 해야 할 일을 정하는 자율성을 부여받고, 이를 스스로 꾸준히 개선해 나갈 수 있는 것이다. 스스로의 개선은 열정이 없이는 불가능하다. 모든 조직의 장들은 조직 구성원들이 열정을 가지고 일해주기를 바라지만 정작 열정을 불러일으킬 가장 기본적인 사항인 조직의 비전과 미션에 대해서는 심각하게 고민하지 않는다.

그렇다 보니 전국의 지방자치단체의 경영이념이나 방침이 비슷비슷한 것이다. 지금 우리가 살고 있는 시대는 세계화와 더불어 지방화가 동시에 이루어지고 있다. 특색 없는 지역개발이나 특색 없는 지방행정의 전개는 종국적으로 국가의 경쟁력마저 저하시키는 결과를 낳는다.

지방자치단체가 가지고 있는 환경과 인적자원 등을 고려하여 미션과 비전에 입각한 차별화되고 특색 있는 경영방침이 필요한 때이다. 지방행정의 발전을 위해 선택과 집중을 할 줄 아는 지혜가 필요하다. 전략적인 사고를 가지고 우리 자치단체의 발전을 위해서는 우선 가장 필요한 부분이 무엇인지를 찾아내고 그에 대해 행정의 역량을 집중하는 태도가 필요한 것이다. 모든 것을 다 해내고자 하는 마음으로 인해 아무것도 한 것이 없는 결과를 낳는 사례를 우리는 많이 보아 왔다. 심지어는 집중을 하지 못한 결과로 인해 사업이 지연되어 비효율적인 예산의 투입이 일어나는 경우도 발생하고 있지 않은가? 도로건설에 있어서도 단시간 내에 인력과 예산을 집중하여 투입하였다면 부지선정과 보상, 건설까지도 마칠 수 있었을 사업을 예산을 분산하여 투자하다 보니 시간이 늘어져서 초기에 예상한 비용보다 훨씬 더 많은 예산이 투입되는 결과를 낳고 있지 않은가?

지역의 발전전략에 있어서도 마찬가지다. 여러 가지 정황을 고려했을 때 우선순위가 가장 높은 것에 선택적으로 집중할 줄 아는 지혜를 가져야 한다. 그래서 이러한 선택과 집중이 자치단체의 경영방침에 나타나야 한다. 문화를 중심으로 한 전략을 전개해서 도시의 이미지를 바꾸고자 한다면 그에 대한 선택과 집중을 해야 하는 것이다. 인프라의 구축이 가장 시급하다면 그에 대한 선택과 집중을 해서 기반을 갖추어야 한다. 그래서 이러한 전략들이 경영방침으로 명확하게 나타나 누가 보더라도 당해 연도의 집중사업이 무엇인지를 알 수 있도록 구체적으로 제시되어야 한다.

QUESTION 3 \ 무엇을 위해 일하는가

■ 내 업무만 잘하면 된다

공공기관은 부서별로 업무분장표가 제시되어 있다. 지방자치단체의 경우에는 부서별 업무분장에서 나아가 개인별로 어떠한 업무를 담당하고 있는지도 홈페이지에 상세하게 나타내고 있는 경우가 많다. 물론, 이러한 업무분장표의 용도는 행정의 업무를 잘 모르는 사람이 자신의 민원을 해결하려 할 때, 누구를 만나야 정확히 민원을 해결할 수 있는지를 알 수 있도록 행정정보의 공개 차원에서 제시되어 있는 것이다. 하지만 이러한 업무분장표가 조직 내부적으로 보면, 부서 이기주의를 조장하고 부서 시너지 효과를 감소시키는 역할을 하기도 한다.

행정환경은 급속도로 변해가고 있다. 그러나 변화하는 행정환경의 속도나 고객의 새로운 수요에 적절히 대응할 수 있도록 명확하게 업무분장이 이루어져 있지는 않다. 살아있는 행정의 환경변화를 문서가 따라갈 수 없는 것이다. 그러다 보니 새로운 업무가 발생하면 이 업무를 어느 부서에서 맡아야 할지, 또 누가 맡아야 할 것인지에 대한 구분이 모호한 경우가 많다. 누구나 새로운 업무는 맡기 싫어하기 때문이다. 새로운 업무를 맡아서 잘 처리한 경우에는, 계속해서 그 업무는 자신이 속한 부서의 업무로 규정되어 업무량이 결과적으로 늘어나게 되며, 잘 처리하지 못한 경우에는 잘 알지도 못하면서 일을 그르쳤다는 핀잔을 받기가 십상인 것이다. 이러다 보니 새로운 업무를 적극적으로 발굴하여 일을 하려고 하기보다는 오히려 위에서 지시가 있어야 움직이는 습관을 가지게 된 것이다.

이런 현상의 근본적인 원인을 분석하자면, 신규업무의 개척에 대한 평가와 충분한 보상이 행정기관 내에서 제대로 이루어지지 않는다는 것과 실패를 격려하는 문화라기보다는 실패를 감시하는 문화의 존재 등 다양한 원인이 제시될 수 있지만, 가장 큰 원인은 자신의 업무분장 이외에는 좀처럼 하지 않으려 하는 개인주의적인 마음의 발로인 것이다. 그리고 이러한 마음가짐의 방패막이가 결국 업무분장표인 것이다.

따라서 업무를 추진함에 있어서도 자신의 업무를 동료에게 부탁하는 것은 결례라고 생각하게 되었고, 어떻게 해서든 자신이 맡은 일은 자신이 처리해야 한다는 인식이 행정조직에 있어서 시너지를 높일 수 있는 가장 기본적인 출구를 원천 봉쇄해버린 것이다. 그러다 보니 업무가 많은 사람은 늘 늦게 퇴근함에도 불구하고, 동료들이 나서서 그 사람의 일을 같이 처리해주는 모습은 찾아보기가 어렵다. 더구나 같은 과에 소속되어 있음에도 팀이 다를 경우, 별도로 과장의 지시가 있기 전에 다른 팀의 업무를 자원해서 도와주는 모습은 거의 찾아볼 수 없는 상황이다.

내 업무를 잘해야 한다는 것은 물론 조직생활을 하는 사람의 기본적인 자세이다. 하지만 이것이 지나쳐서 부서 이기주의로까지 발전하는 것은 행정의 발전을 위해서도 결코 바람직한 모습이 아니다. 우리가 조직이라는 이름으로 같이 모여서 일하는 이유가 무엇인가? 한 사람의 힘보다는 두 사람의 힘이 더해지는 것이 낫고, 여러 사람이 힘을 합칠 경우에 더 큰 효과를 발휘할 수 있기 때문이다.

❷ 일 잘한다는 티를 내지 말라

모 자치단체의 조직진단을 위해 직원 인터뷰를 하면서 생긴 일이다. 간부직원과의 인터뷰가 끝나고, 7급 직원과의 인터뷰를 하는 자리에서 이런 대화가 오고 갔다.

"사실 이런 조직진단은 별 의미가 없습니다."

"왜 그렇게 생각하십니까?"

"어차피 모든 사람들이 자신의 업무량이 가장 많다고 할 것이고, 또 자기 부서의 업무가 가장 중요하다고 주장하기 때문에 조정하기가 쉽지 않을 것 아닙니까?

"사실 그렇기는 합니다. 그래서 업무량의 측정보다는 미래지향적인 방향에 무게를 두고 진행하고 있습니다."

"에이, 미래지향적인 방향이라는 것이 어차피 단체장께서 의도하는 결과대로 가는 것 아닙니까?"

"그렇지는 않습니다. 단체장의 의견도 반영될 수 있지만 전체적인 설계에서 하나의 참고사항일 뿐입니다."

"그래도 현실을 무시할 수는 없는 것 아니겠습니까?"

"당연하지요. 현실의 문제점과 미래의 지향점에 있어 차이가 발생하는 것을 올바로 극복하고자 하는 전략이 제시될 것입니다."

"그 중에 우리 조직의 혁신과 관련된 사항도 포함되어 있습니까?"

"물론입니다. 조직진단에서 가장 중요하게 다루는 내용 중의 하나가 조직문화와 관련된 사항입니다."

"그렇다면, 이러한 사항은 어떻게 처리하실 것인지 궁금합니다."

"무슨 내용인지 말씀해보시지요."

"제가 일하고 있는 부서는 직원이 계장님을 포함해서 5명입니다. 7급 직원이 두 명이 있지만, 제가 차석을 맡고 있지요. 하지만 저와 같이 근무하는 다른 7급 직원은 저보다 1년 늦게 들어왔지만, 나이는 같아서 친구처럼 지내고 있습니다. 그런데 이 친구는 부서 내에서 과장님이나 계장님이 일을 시키면, 항상 주어진 기한보다 늦게 일을 처리하는 겁니다. 그래서 과장님이나 계장님이 새로운 일이 생기면 그 친구에게 일을 맡기기보다는 저한테 자주 일을 맡기게 되었습니다."

"그 분의 업무능력이 좀 부족합니까?"

"실제로 그렇지는 않다고 생각합니다. 개인적으로 이야기해보면 아는 것도 많아서 똑똑하다고 생각합니다."

"그러면 뭐가 문제인가요?"

"그래서 제가 한번은 업무시간이 끝나고 술자리에서 물어보았습니다. 왜 그렇게 시킨 일을 늦게 처리하느냐고, 윗사람에게 찍혀서 좋을 것이 없지 않느냐고요."

"그랬더니 뭐라고 하던가요?"

"어차피 공무원 생활 정년까지 하게 되어 있는데, 일 잘한다는 소리를 들으면 나만 괴롭지 않느냐. 진급도 때 되면 하는 것인데 내가 일 잘한다는 인식을 간부들이 하면, 어차피 나한테 일이 많이 부여될 것이 아닌가? 그래서 나는 일부러 과장이나 계장의 업무지시를 조금 늦게 완성해서 갖다 준다. 나도 내 생활을 즐겨야 할 것 아니냐. 이렇게 이야기하면서 저보고도 바보처럼 시키는 대로 하지 말고 이 방법을 한번 써보라는 것이었습니다."

이 이야기를 듣고 여러분은 어떤 생각이 드는가? 말도 안 되는 소리라고 이야기할 수 있는가? 물론 여러분이 속한 조직에는 이러한 생각을 가진 사람이 없기를 바란다.

하지만 이것은 실제 인터뷰에서 있었던 이야기이고, 실제로 인터뷰를 해보면 많은 사람들이 동료들 중에는 자신의 능력을 100% 발휘해서 업무를 추진하지 않는 공무원이 많다고 인식하고 있다. 이는 공무원의 신분보장을 무기로 업무의 추진에 열과 성을 다하기보다는 큰 탈 없이 업무를 추진하는 것이 보다 큰 미덕이라고 생각하는 경우가 많다는 것이다. 하지만 이순신 장군께서 남기신 '나의 죽음을 적에게 알리지 말라'는 말처럼 '나의 업무능력을 상사에게 알리지 말라'고 생각하며 업무를 추진하는 것이 과연 자신에게 이로운 것인가?

이러한 행태가 발생하는 것은 결국 인사고과의 반영이 업무능력과 관련하여 엄밀하게 이루어지지 못하고 있기 때문이다. 경력점수 몇 점, 고과점

수 몇 점 하는 식의 인사고과는 업무추진의 결과에 따른 성과주의 인사를 불가능하게 만들고, 인사고과를 실시하는 상사들도 자신이 데리고 있는 직원들은 어떻게 해서라도 진급을 시켜야 한다는 생각을 가지고 있음으로 인해 경력에 의한 진급서열순위를 만들게 된다. 그래서 관운이라는 말이 당연하게 인식되고 있지 않은가? 그래서 능력은 없지만 진급시기가 잘 들어맞아 승승장구하는 사람이 생겨나는 것이다.

❸ 감사에 걸리면 치명적이다

국민의 세금으로 운영되는 기관에는 그 업무의 집행과 관련하여 감사제도가 반드시 시행되고 있다. 중앙정부와 그 산하기관에 대해서는 업무집행의 적정성이나 정책방향과 관련한 국정감사가 매년 행해지고 있으며, 감사원에서도 수시로 업무집행과 관련한 감사를 시행하고 있다.

지방자치단체도 예외는 아니어서 자체적인 지방의회의 감사와 상급기관인 행정자치부, 광역시도 감사 등 업무와 관련한 감사를 수시로 받고 있다. 또한 종합행정집행기관이라는 특성으로 인해 자체적인 감사뿐만 아니라, 감사원 감사를 비롯하여 건축민원, 허가민원, 농정업무 관련 등 심지어 호적민원에 이르기까지 폭넓고 다양한 기관으로부터 감사를 받고 있는 것이 사실이다.

국민의 세금으로 운영되는 기관이니만큼 부조리를 철저히 없애고 업무의 실수가 일어나지 않도록 바람직하게 유도하는 것이 감사의 올바른 기능이기에 감사가 가지는 기능 자체를 부인하자는 것은 아니다. 하지만 너무 잦은 감사로 인해 오히려 업무의 추진이 적극적으로 이루어지지 못하는 경우가 발생하기 때문에 문제다.

민선지방자치제도가 시행된 이후, 각 지방자치단체는 지속적인 발전을 이룩하기 위해 다양한 노력들을 경주해 왔다. 그 지역의 특색에 맞는 상품을 개발하고 그것을 발전시켜 지역주민의 소득으로 연결시키려는 노력을 무엇보다도 열심히 하고 있는 것이다. 하지만 실상을 들여다보면 진정한 의미에서의 발전을 위한 전략수립이나 실질적인 노력은 행하고 있지 못한 자치단체가 부지기수이다. 지방자치제도의 특성에 맞도록 지역의 특성을 면밀히 분석한 후에 그에 대한 미래의 트렌드(trend)를 결합시켜 발전의 전략을 구사하여야 하지만, 개발지상주의에 입각하여 다른 자치단체에서 성공한 것을 그대로 모방하는 경우가 비일비재하다.

왜 이러한 현상이 발생하는가? 이는 현행의 감사시스템과도 무관하지 않다. 행정의 특성상 선례가 있는 경우에 대해서는 그 안전성을 담보 받는다고 생각하기 때문에 선례가 있는 일을 찾으려고 공무원들이 노력하기 때문이다. 이는 전혀 다른 새로운 일을 시도하여 만에 하나 일의 결과가 여의치 않았을 경우, 그 일을 시도한 책임을 고스란히 공무원이 져야 하는 구조로 현행의 감사시스템이 작용하고 있기 때문이다.

지역의 발전을 위한 새로운 업무의 발굴은 그만큼 리스크를 동반하기 마련이다. 하지만 이러한 리스크를 감수하고 업무를 추진하여 일의 결과가 우수하게 나왔을 경우에는 다행이지만, 그 반대의 경우에는 선례가 없는 일을 독단적으로 추진하였다는 지적을 받기가 십상이며, 그러한 업무의 추진이 행정기관 본연의 업무였느냐 하는 이야기까지 대두되기 때문이다.

사정이 이렇다 보니 공직에 근무하는 사람들은 될 수 있으면 문제를 발생시키지 않으려고 노력한다. 물론 단체장의 의지나 지원이 절대적이어서 그러한 사안이 발생하였을 경우에도 용기를 북돋워 주는 경우라면 상황이 달라지지만, 현실은 그렇지가 않아서 대부분의 경우 본인에게 책임이 전가된다고 인식하고 있기 때문이다.

이러한 인식은 실제로 행정의 현장에서 새로운 일을 찾아 노력하는 사람보다 큰 과오 없이 주어진 업무를 기존의 틀에서 처리하는 사람이 인사에서 더 유리하다는 생각으로 이어져 수동적인 자세를 견지하게 만든다.

❹ 고객은 왕이다

행정조직의 주인은 누구인가? 이 물음에 대해 지방자치단체의 경우, 당연히 지역주민이라는 대답이 나오기 마련이다. 하지만 이제 이 물음에 대해 다른 각도에서 생각해볼 필요가 있다.

민선 지방자치제도의 시행 이후에 많은 지방자치단체가 고객만족을 강조하여 왔다. 그래서 민간 기업에서 시행된 교육프로그램을 도입하여, 지방행정에 종사하는 공직자들에게 고객만족의 중요성을 이야기해 왔다. 그러한 교육 덕분에 지방행정기관의 종사자들은 자신들의 고객이 누구이며, 그들을 만족시키기 위해서는 어떠한 자세를 가지고 일해야 하는지를 보다 구체적으로 인식하게 되었다. 그래서 친절을 공무원의 최대 덕목으로 여기고 고객의 소리에 귀를 기울였다.

하지만 고객만족을 너무 강조하다 보니 행정기관의 특성을 고려하지 않은 고객만족도 파생되었다. 민간 기업의 고객과 지방행정의 고객은 그 성격이 엄연히 다름에도 불구하고, 똑같은 논리의 고객만족 원칙을 적용시키는 실수를 저지르고 있는 것이다. 행정은 엄밀히 말하면 서비스기관의 성격만으로 이루어져 있지 않다. 지역주민들의 요구를 듣고 그들의 요구에 부합하는 서비스를 창출하는 것도 하나의 중요한 기능이지만, 그 이외의 기능도 중요한 것들이 많다. 미래를 생각하고 지역의 발전과 국가의 발전이라는 큰 틀에서 행정을 기획해 나가야 하는, 그래서 보다 큰 가치를 기준으로 업무를 추진해야 할 중요한 기능이 있는 것이다.

하지만 행정의 서비스 기능에 대한 지나친 강조로 인해, 행정기관이 국민의 세금에 의해 봉사하는 업무가 전체인 것처럼 생각되는 현상도 생겨났다. 그러다 보니 민선지방자치 이후에 심심찮게 볼 수 있는 현상이 종합민원실이나 시장 부속실 앞에서 고래고래 소리를 지르는 막무가내식의 민원인들인 것이다. 그들이 주장하는 논리를 들어보면 실소를 금할 수가 없는 경우가 많다.

"내가 시장을 뽑아줬는데, 왜 시장을 못 만나게 하느냐?"

"너희들은 내가 낸 세금으로 월급을 받아가지 않느냐? 그러니 내가 해달라는 것을 해줘야 할 것 아니냐?" 하는 식의 생떼를 쓰는 것이다. 이러한 민원인에 대해서도 고객만족이라는 원칙을 지키려고, 무던히도 애쓰며 화를 꾹꾹 눌러 참는 공무원들을 보면 안쓰럽기까지 하다. 이러한 현상은 결국, 지역주민은 무조건 섬겨야 하는 고객이라는 인식에서 초래된 것이다.

서비스의 대상이 되는 행정의 사업 분야에 있어서 당연히 최고품질의 서비스 제공을 위해 행정기관이 노력해야 하는 것은 사실이지만, 공동의 이익을 위해 규제를 행해야 하는 경우나, 지역의 발전을 위해 희생을 감수해야 하는 상황에도 무조건 고객만족만을 내세우는 것은 바람직하지 않다.

물론, 여기에는 행정기관에 종사하고 있는 공무원들의 미숙한 업무처리나 대응방식의 문제가 없는 것은 아니다. 첨예하게 의견이 대립되는 사안의 경우에는 무엇보다도 사전노력이 꾸준히 이루어졌어야 함에도 불구하고, 행정의 원칙만을 강조하여 안이하게 업무를 추진하였다가 더 큰 갈등을 조장하기도 한다.

미숙한 업무의 추진과 더불어 갈등의 또 다른 중요한 요인은 지역주민들의 이기주의적인 발상에서 비롯된 막무가내식의 집단행동이다. 민주주의의 원칙과는 관계없이 오로지 큰 소리를 내고, 우르르 몰려가 떼를 써야 자신들의 이익을 더 챙길 수 있다고 생각하는 것이 바로 그것이다. 이러한 이기주의적인 행태는 민선 지방자치단체 특성상, 선거에 악영향을 미칠 것을 두려워한 일부 단체장의 원칙과 소신 없는 대응방식으로 인해 극한 상황까지 내몰리는 경우도 발생한다. 이러한 현상에 대한 피해는 결국 말 없는 다수의 선량한 주민들에게로 돌아가는 것이다.

이러한 갈등들은 결국, 지역주민과 행정기관은 지역의 발전을 같이 이루어 나가야 하는 동반자로서 같은 배를 타고 있다는 인식이 부족하여, 상대방을 존중하지 못하는 데 더 큰 원인이 있다. 지역주민은 고객으로만 대접을 받으려 하고, 공무원은 독선적인 행정의 원칙만을 강조하는 것은 바로 파트너십의 부족에서 비롯된 것이다. 지역주민은 대접을 받아야 할 고객이라는 차원보다, 큰 의미에서 지역의 발전을 위해 함께 가야 할 파트너의 성격이 강하다. 따라서 지방행정의 주인은 지역주민만이 아니며, 그 지역에 거주하고 있는 지역주민을 포함하여, 지방행정에 종사하는 공직자들도 중요한 주인인 것이다. 지역주민들은 "내가 낸 세금으로 너희들이 월급을 받고 있지 않느냐?" 하는 단순논리로 지방행정의 종사자들을 대해서는 안 된다. 동반자적인 관계에서 같이 지역의 발전을 고민하는 든든한 파트너로서 지방행정 종사자들을 바라보아야 하는 것이다.

고객과 파트너는 엄청난 차이를 지닌다. 고객의 개념에는 모셔야 할 사람이라는 느낌이 강하지만, 파트너의 개념에는 서로 존중해야 할 개념이 보다 강하다. 어려운 일을 함께 해나가고 기쁨과 아픔을 같이 나누는 입장이 파트너의 입장인 것이며, 설사 잘못된 일이 생길 경우에도 애정으로 따뜻하게 잘못을 지적할 수 있고 감싸줄 수도 있는 것이 파트너의 관계인 것이다. 이러한 개념에서 행정조직에 있어 고객개념의 변화와 업무처리의 접근방식도 상당부분 개선이 필요한 것이다.

⑤ 윗사람의 시간에 나의 시간을 맞춘다

행정기관의 고위직 공무원을 만나기 위해 약속을 정하고 면담을 해본 사람이면 한 번쯤 불쾌한 경험을 한 기억이 있을 것이다. 그 이유로는 여러 가지가 있겠으나 가장 주류를 이루는 내용이 약속시간이 정확하게 지켜지지 않는다는 것이다. 통상적으로 약속시간보다 짧게는 5분에서 길게는 20분 이상까지 약속시간이 지연되는 경험을 해봤을 것이다. 심지어는 사전에 약속을 하고 찾아갔지만 담당공무원의 갑작스런 업무로 인하여 만나지 못하고 돌아오는 경우도 있다.

약속시간이 지연되는 이유에는 여러 가지가 있겠으나 대체로 이전 손님과의 면담시간이 길어지거나, 내부의 회의시간 지연, 급한 내부결재업무로 인한 내부 직원들의 끼어들기 등 다양한 원인들로 인해 약속시간이 지켜지지 않고 있다. 이러한 현상은 고위직으로 올라갈수록 비일비재하게 나타난다.

이렇게 약속시간이 정확하게 지켜지지 않은 경험을 하게 된 상대방은 정작 자신이 짜놓은 스케줄이 이러한 이유로 인해 지연되더라도 높은 사람이니까 어쩔 수 없다고 체념하는 경우와, 약속시간을 정확하게 지키지 않는 상대방에 대해 뒤에서 비난해버리고 마는 경우 등으로 그 반응의 형태가 나타난다.

왜 이렇게 공공기관에 근무하는 사람과의 미팅약속은 제대로 그 시간을 지키기가 어려운 것일까? 우선 가장 큰 이유는 상대방의 시간에 대한 경제적인 개념이 부족하기 때문이다. '시간이 돈이다' 라는 인식이 부족함으로 인해 상대방의 시간도 아껴주어야 할 재화의 개념으로 보지 못하고 있다는 것이 가장 큰 원인이다.

내가 그 사람과의 약속을 지키지 못하였을 경우, 상대방이 입게 되는 시간의 손실에 대해 크게 마음을 쓰지 못하는 것이다.

둘째는 상사를 중심으로 한 시간관리 습관 때문이다. 행정의 수레바퀴는 최고위층인 조직의 장을 중심으로 돌아가기 때문에 모든 시간의 안배가 장을 중심으로 이루어지는 것이 관행이다. 수일 전부터 단체장의 일정을 설계하면서 내부의 일정과 외부의 일정을 짜게 되지만, 갑작스런 상황의 변화로 인해 이것이 예정대로 지켜질 수 없는 경우에는 내부의 일정 자체도 이에 맞추어 모두 조정에 들어가게 된다. 이러다 보니 국장이나 과장의 일정, 심지어 팀장들의 일정까지도 재조정해야 하는 문제가 발생한다.

이러한 관행이 지속되다 보니 몇 시에 만나자는 약속을 사전에 하고 찾아갔더라도 내부의 일정에 의해 만나기로 한 시간이 지켜지지 못하는 경우가 비일비재하게 발생하는 것이다. 그리고 그러한 상황이 닥치면 "회의가 길어져서……, 급하게 시장님의 호출이 있어서……." 등의 핑계로 상대방의 동의를 구하는 것이다.

하지만 명심하자. 약속시간을 지키지 못한 공직자에 대해 모든 사람이 관대하지는 않다. '사전에 그만한 일도 예측하지 못하는가? 그런 일이 발생하면 중간에 연락이라도 해주어야 하는 것이 당연한 일 아닌가?'라고 생각하면서 원망하는 마음을 가지는 사람이 더 많다.

행정기관 내부에서 근무하는 공직자의 입장으로서는 본인이 조정할 수 없는 일로 인해 약속시간이 지켜지지 못한 것을 어떻게 하느냐고 항변할 수도 있지만, 시간약속을 지키지 못하게 만드는 상황에 대해 이야기하는 것이 아니라 상대방에 대한 배려의 마음을 이야기하는 것이다.

세 번째의 원인은 시간을 효율적으로 사용하는 기술의 부족을 들 수 있다. 엄격한 시간관리의 필요성을 절감하지 못함으로 인해 느슨한 시간의 사용습관이 몸에 배어 그러한 경우이다. 여러 사람이 함께 참석하는 회의의 경우를 예로 들면, 애초에 몇 시부터 몇 시까지라는 시간이 대략적으로 정해져 있기는 하지만, 이를 정확하게 지키려고 열심히 노력하는 습관이 배어 있지 않다 보니 애초의 예정시간을 넘겨버리는 일이 발생하는 것이다.

회의를 개최하기 전에 회의의 목적에 비추어 보아 얼마 정도의 시간이 걸릴 것이라는 예상을 하였어도, 회의의 참석자가 발언을 길게 해버리거나 진행자가 회의를 시간 내에 끝낼 수 있도록 하는 기술이 부족하여 시간을 넘기기가 일쑤다. 이런 상황이다 보니 그 다음에 예정되어 있던 일정들은 자연스럽게 순연되어 회의의 참석자들은 회의가 끝나자마자 일정을 조정하느라 법석을 떨어야 하는 것이다.

'시간은 돈이다.' 나의 시간을 중요하게 관리하는 습관을 들이면, 남의 시간도 그에 못지않게 중요하게 생각하게 되는 것이다.

❻ 만나는 것이 중요하다

지방행정은 그야말로 복잡다단한 여러 가지의 업무가 결합되어 있다. 간단한 민원증명 서류의 발급에서부터 지역발전을 위한 미래 청사진의 설계에 이르기까지 그 업무의 종류와 깊이도 각양각색인 것이 지방행정의 실태이다. 이렇게 각양각색의 업무와 관련하여 다양한 계층의 다양한 사람들과 이해관계가 얽혀있다 보니 지방행정에 종사하는 사람들이 만나야 하는 사람들 또한 다양할 수밖에 없다.

그런데 이렇게 다양한 만남을 가져야 하는 업무의 특성과 관련하여 만남의 효과성에 대해서는 정작 공직자들이 깊게 생각을 못하는 경향이 있다. 즉, 다양한 계층의 사람들과 다양하게 만나야 함에도 불구하고 만남을 통하여 얻고자 하는 목적이 무엇인지에 대한 깊이 있는 생각을 하지 못하고 준비를 소홀히 하여 많은 비효율적 결과가 나타나고 있는 것이다. 물론 행정기관의 특성상 주로 찾아오는 사람들이 무엇을 요구하기 위한 목적을 주로 가지고 오며, 약속을 정하고 찾아오기보다는 불시에 방문하여 제기하는 민원의 성격이 강한 업무들이 주종을 이루기 때문이기도 하다.

하지만 이러한 만남의 형태에 익숙해져 있다 보니 정작 업무상 행정기관에서 도움을 요청하여 아쉬운 소리를 해야 할 경우에도 착각을 하는 경우가 발생한다. 상대방에 대해 요청하여야 할 사항은 무엇이고 오늘의 만남을 통해 어느 정도의 수준까지 도움을 이끌어낼 것인가 하는 전략적인 마인드가 부족하다는 이야기다. 불특정 다수인에 대한 불시적인 만남에 익숙해져 있다 보니 그러한 사안이 발생하여도 일단 만나서 이야기해보는 것이 최우선이라는 생각을 가지게 되는 것이다. 정작 상대방의 입장에서 생각하여 만나기 전에 무엇을 준비해야 하고, 요청할 사항은 무엇이며, 미팅의 시간은 어느 정도가 적당할지 미리 계산해보는 자세가 부족하다는 것이다.

이러한 준비 없는 만남을 당해본 경우, 1장에서 예로 들었던 김 교수의 경우와 같이 당혹스러운 느낌을 가질 수밖에 없다. 즉, 요청에 의해 약속을 잡고 만났음에도 불구하고, 이 만남의 목적이 무엇인가에 대해 상대방이 회의를 가지는 경우가 발생하는 것이다. 이러이러한 용건으로 만난 것은 알겠는데, 이 미팅을 통해 무엇을 이끌어내고자 하는지가 분명하지 않은 것이다. 그러다 보니 대부분 미팅의 말미에는 "다음에 다시 한 번 이야기해보자"라는 말이 자연스럽게 나오게 되는 것이다.

⑦ 법대로 규정대로 처리

공직에서 처리되는 모든 업무는 그 법적인 근거가 있기 마련이다. 하다 못해 동사무소에서 주민등록등본을 한 통 발급받더라도 그 사무는 법적인 근거가 있다. 즉, 공직에서 이루어지는 모든 사항이 법적인 근거가 있다고 해도 과언이 아니다.

공직에서 수행되는 대다수의 업무가 법적인 근거를 가지고 있기 때문에 업무를 수행하는 공직자들은 그 업무가 애매한 상황에 맞닥뜨리면 관련규정을 먼저 검토하게 된다. 그래서 이러한 사정을 잘 모르고 상식적인 수준에서 생각하는 민원인들은 답답함을 느끼는 경우가 많다. 법과 규정을 민원인들이 정확히 알 리도 없으며, 법과 규정이 다양한 민원의 사안에 대해 모두 완벽하게 대응할 수 있도록 정해져 있지도 않기 때문이다.

이러한 사정이다 보니 공직자로서는 법에서 규정한 사항의 해석이 모호할 경우 일단, 민원인에게는 안 된다고 해놓고서 그 사항을 상부에 질의하는 것으로 해서 관련 근거를 확실히 하고 업무를 처리하려고 한다. 이는 잘 모르는 상황에서 민원인의 요청을 타당한 것으로 판단하여 임의로 처리를 해주었다가 나중에 본인의 실책이 드러나면, 징계를 받을 가능성이 높기 때문이다. 또한 된다고 했다가 나중에 안 된다고 하는 것이 오히려 더 큰 민원을 야기시킬 수 있다고 생각하기 때문에 일단 안 된다고 해놓고 나중에 해주는 것이다.

사정이 이렇다 보니 민원인의 입장에서는 답답함을 느낄 수밖에 없다. 분명히 될 것이라 생각하고 관공서를 찾았는데 그 사항은 이러이러해서 안 된다는 소리를 듣게 되면 맥이 빠질 수밖에 없다. 그것도 속 시원하게 관련조항이 명확하게 제시되어 있는 경우에는 수긍이라도 하고 돌아가지만, 그렇지 않고 이렇게도 저렇게도 해석이 되는 경우에는 그야말로 답답한 상황이 되고 만다. 민원인의 입장에서는 얼마든지 긍정적으로 해석하여 처리해 주면 될 것을 무슨 큰일이라도 되는 것처럼 안 된다는 입장만을 고수하는 공무원을 보면 울화통이 터지는 것이다.

그래도 이렇게 해당 업무의 담당자를 직접 만나 설명을 들을 수 있는 경우는 그래도 상황이 좋은 축에 속한다. 행정의 내부 사정을 잘 이해하지 못하는 민원인의 입장에서는 해결하고자 하는 사항이 어느 부서에서 이루어지는지를 잘 모르기 때문에 무턱대고 찾아갔다가 이 부서, 저 부서를 순회하는 일이 벌어지기도 한다. A부서로 가라고 해서 갔더니, 그 업무는 우리 소관이 아니라 B부서의 일이라고 이야기를 들어 다시 찾아갔더니, 자기들끼리 서로 소관업무가 아니라고 하는 경우에는 참으로 답답한 노릇이 아닐 수 없다.

물론, 이러한 현상들은 민선이 시작된 이후 극소수에 불과할 정도로 많이 줄어들었다. 하지만 기존의 업무처리가 아닌 새로운 업무의 처리와 관련한 사항이나, 규제행정과 관련한 사항에 대해서는 아직도 많은 부분에서 개선의 여지가 남아 있는 것이 사실이다.

PART 3

행복한 조직을 위한 실천사항

정보전달 매체의 발달로 우리는 정보의 홍수 속에서 살고 있다.

넘쳐나는 정보와 지식만큼 지혜도 넘쳐나고 있는가?

많이 아는 것이 중요한 것은 아니다.

알고 있는 만큼 실천하는지가 더 중요한 것이다.

조직생활을 하는 사람들은 늘어난 배움의 기회로 인하여

이전보다 더 많은 것을 알고 있다.

하지만 많은 것을 알고 이해한다고 하면서

행동으로 옮기는 일은 자꾸만 뒤로 미룬다.

이는 마음으로 느끼지 않았기 때문이다.

마음으로 느껴야 실천할 수 있다.

이제부터라도 명심하자.

실천하지 않는 이상은 망상에 불과하다.

PLAN 1 ＼ 수직적 조직문화에서 수평적 조직문화로

행정조직의 수직적인 조직문화를 잘 나타내는 대표적인 광경이 행복시의 일주일간의 일상에서 나타난 회의모습이다. 조직의 정점에 있는 장을 중심으로 업무가 지시되고 추진되는 형태가 끊임없이 반복되고 있는 것이다. 이러한 수직적인 조직문화는 과거의 패러다임에서는 그 효율성을 인정받았었지만 지금처럼 변화의 속도가 빠르고 고객의 요구가 다변화된 시점에서는 여러모로 비효율적인 결과를 불러오게 마련이다.

이제 행정조직이 발전하기 위해서는 이러한 수직적인 조직문화를 수평적인 조직문화로 탈바꿈시켜나가야 한다. 지시에 따라 움직이는 조직이 아니라 능동적으로 움직이는 조직, 단체장의 능력에 의해 성과가 나타나는 조직이 아니라 구성원들의 시너지에 의해 성과가 나타나는 조직, 과거의 경험에 의존하는 조직이 아니라 창의적인 발상이 인정받는 조직을 위해서라도 수평적인 조직문화는 구축되어야 한다.

이러한 수평적인 조직문화를 위해 맨 처음 허물어야 할 벽이 바로 회의문화이다. 오늘도 빈번하게 일어나고 있는 공조직의 회의들은 공공연한 수직적 조직문화의 경연장이기 때문이다. 좌석의 배치에서부터 발언의 순서에 이르기까지 모든 회의의 형식이 이러한 수직적인 사고를 대변하고 있다. 더구나 목적을 우선시하는 진행이 아니라 형식을 중시하는 습관으로 인해 공조직에서 개최하는 많은 행사들이 참석자들에게 불편을 주고 있다. 그래서 행사의 목적이 엄연히 있음에도 불구하고 행사 자체가 상석에 앉아 있는 일부의 사람들을 위해 마련된 것처럼 생각되기도 하는 것이다. 수직적인 조직문화는 고객과의 접점에서도 부작용으로 나타난다. 이러한 조직문화를 개선하기 위해서는 내부에서 일상적으로 개최하는 각종 회의의 개선을 통한 점진적인 변화가 필요하다.

공조직에서 실시하는 회의의 개선점을 찾기 위해서는 우선은 조직 내에서 실시되고 있는 각종 회의를 목적에 따라 분류해보는 것이 중요하다. 그래서 가장 많이 실시되고 있으며, 가장 많은 인원이 동원되고 있는 회의부터 선별하여 개선점을 찾아보려는 자세가 필요하다. 각 조직의 사정에 따라 차이가 있겠지만 우선 중요도나 개최빈도에 있어서 가장 비중이 높지만 개선할 사항이 가장 많은 간부회의에 대한 부분을 어떻게 개선할지에 대해 우선적으로 생각해보기로 하자.

▮ 간부회의의 개선

STEP 1 ＼ 회의의 목적을 분명히 하자

회의는 개최하는 목적에 따라 여러 가지 형태로 구분할 수 있다. 우선 공공기관에서 개최되는 회의를 살펴보면 다음과 같이 분류해볼 수가 있다.

첫째, 「정보수집과 공유형 회의」이다. 이는 조직의 주요간부가 모여 조직의 전체 업무진행과정의 정보를 수집하고, 이를 공유하기 위해 실시하는 회의로써 주로 보고의 형식을 통해 이루어진다.

둘째, 「의견교환 및 조정회의」로 특정 사안에 대해 관계부서의 간부가 참여하여 문제 해결을 위해 각 부서의 입장을 들어보고 조정하는 회의이다.

셋째, 「업무추진계획회의」로 특정업무 추진을 위해 해당 실무자들이 심도 있게 계획을 세우고 장애요소를 도출하여 해결방안을 찾기 위한 회의이다.

넷째, 「전달회의」로서 알려야 할 특정 사안에 대하여 해당부서의 간부나 업무담당자가 대면하고 어떤 사실이나 지침을 알리기 위해 소집하는 회의이다.

다섯째, 외부인사가 참여하여 진행되는 것으로 전문가의 의견을 듣고 업무의 방향을 설정하는 「전문가 간담회」와 특정 사업에 대한 주민과의 의견교환 및 공유를 위한 「주민 공청회」, 외부 전문가가 의사결정에 직접 참여하는 「각종 위원회」 등이 있다.

이외에도 업무나 실적의 추진상황을 점검하기 위한 「추진실적 검토회의」 등이 있을 수 있다.

이토록 다양한 종류의 회의에 있어서 우리 조직이 현재 실시하고 있는 간부회의의 성격은 무엇인가? 정보공유형 회의인가, 의견교환 및 조정회의인가, 업무추진 계획회의인가, 아니면 전달회의인가? 월요간부회의, 국장단회의, 확대간부회의, 과장단회의 등 각종 회의를 개최목적과 실시하고 있는 형태에 따라 분류해보자. 그리고 그 목적에 따라 각종 회의의 형태를 구분하고 가장 적합한 회의의 진행 방식을 찾는 것이 첫 번째 할 일이다.

STEP **2** \ 회의의 횟수를 절반으로 줄이자

step 1에서 회의의 종류를 목적에 따라 구분해보면, 대부분의 조직이 목적에 비해 회의의 횟수가 너무 많고 하나의 회의에 여러 가지의 목적이 복합적으로 결합되어 회의목적에 혼선을 주고 있다는 것을 알 수 있을 것이다. 목적이 분명하지 않다 보니 굳이 회의를 소집하지 않고 다른 형태로 목적을 달성할 수 있음에도 불구하고, 막연한 필요성에 의해 많은 사람들이 모여 시간을 낭비하고 있는 것이다. 그래서 회의의 목적을 분명하게 구분해 보는 작업과 더불어 회의다운 회의를 정착시키기 위해서는 우선적으로 회의의 횟수를 줄여보는 것이 필요하다. 회의의 횟수를 줄임으로 인해 무조건 회의를 개최하고 보자는 식의 습성에서 탈피하여 목적에 따른 적합한 방식이 무엇인지를 생각해볼 수 있는 기회를 가질 수 있기 때문이다.

물론 회의의 숫자가 많아서 문제인 것이 아니라, 회의를 제대로 운영하지 못하는 것이 가장 큰 문제라고 할 수도 있다. 하지만 회의를 제대로 하기 위해서는 훈련과정이 필요하며, 그 과정에서 우선적으로 실시할 일은 시간적 여유를 확보하고 회의에 대한 부정적인 인식을 개선하는 것이 필요하다.

현재 매주 월요일마다 회의를 개최하여, 월 4회의 간부회의를 지속했던 자치단체라면, 회의의 횟수를 우선 반으로 줄여 격주 간격으로 실시해보

자. 당장은 매주 하던 회의가 줄어들어 처음에는 이상하게 느껴질 수도 있지만, 앞에서 언급한 대로의 방식을 고수해 왔던 자치단체라면 과감히 회의의 숫자를 반으로 줄여보도록 하자. 단순히 횟수를 줄인다는 것이 무슨 의미가 있느냐고 생각할지 모르겠지만, 이는 생각 외로 큰 효과를 거둘 수가 있다. 우선 서무직원들의 일거리가 크게 줄어드는 효과가 있으며, 보고할 사항이 별로 없는 일상적인 업무를 지속하는 부서에서는 보고 거리를 억지로 만들기 위해 고민해야 하는 시간을 줄일 수 있다.

또한 조직 내에 팽배해 있는 회의 무용론에 대해 이제부터는 회의의 방식에 있어 변화를 주겠다는, 즉 조직이 변화해 나가겠다는 메시지를 전달하는 효과를 줄 수 있다.

STEP 3 \ 회의의 형식을 파괴하라

공조직이 가지고 있는 문화 중의 하나는 섬김의 문화이다. 유교적인 우리 문화의 특성으로 인한 오랜 관행과 상명하달의 업무체계 및 인사평가 체계 등으로 인하여 윗사람을 섬기는 문화가 미덕으로 인식되고 있다. 그래서 조직의 운영도 윗사람 중심으로 맞추어져 있으며, 윗사람의 사고방식과 업무추진방식을 잘 이해하고 있는 직원이 유능하다는 평가를 받는 것도 사실이다. 물론 윗사람을 잘 모시는 것이 공조직이나 사조직, 심지어 가정에서까지 필요한 미덕임에는 분명하나 이것이 지나치면 문제가 되는 것이다.

예를 들면, 윗사람에게 보고하는 서류는 항상 깨끗하게 준비하는 것이 아랫사람의 자세라는 생각에 치우친 나머지, 하다못해 불필요한 문서를 없애기 위해 쪽지 보고를 활성화하라는 지시가 있어도 쪽지 보고조차 컴퓨터로 출력하는 현상이 벌어지는 것이다. 쪽지 보고의 취지가 무엇인가? 시급히 보고해야 할 사항이나 대면보고를 하지 않아도 될 사항을 간단히 쪽지에 적어 보고하여, 시간적 낭비를 줄이고자 하는 것이 원래의 목적 아닌가? 만일 부하직원이 쪽지 보고를 컴퓨터로 출력하여 보고한다면 윗사람은 이를 시정하도록 권고해야 한다. 하지만 윗사람이 아무런 이야기도 없다 보니 직원들은 '내가 잘하고 있구나' 하는 생각으로 계속해서 쪽지 보고를 형식을 갖추어 보고하게 되는 것이다.

마찬가지로 회의의 경우에서도 같은 원칙이 적용될 수 있다. 앞서의 보고회의와 같은 경우가 지속적으로 발생하는 이유는 무엇보다도 회의의 주최자가 회의의 형태를 바꾸어보려고 시도하지 않은 이유가 가장 크다. 설사 초기에 바꾸어보려고 시도를 하였더라도 지속적인 노력을 기울이지 않아 과거의 관행이 되풀이되었을 때, 슬그머니 귀찮아서 그냥 넘어가는 바로 그 순간에 초기의 노력은 물거품이 되고 마는 것이다.

정보 공유를 위해 개최하는 회의의 경우에도 보고 형식을 탈피해보자는 인식이 먼저 필요하며, 이러한 인식을 바탕으로 먼저 실천하기 쉬운 것부터 진행해야 실효를 거둘 수가 있다. 직제순서에 의해 일일이 출석을 부르듯이 진행하는 회의는 늘 중요한 사항이 무엇인지 간과하기 쉬운 함정이 있다. 오로지 회의의 진행과 관련하여 보고하는 사람은 보고에 온통 신경이 집중되어 있기 때문에 전체회의에서 무엇이 중요한지 인식하기가 어렵다. 즉, 보고를 받는 사람이 어떠한 말을 자신에게 할 것이며, 무엇을 질문할 것인가에 신경이 집중되어 있기 때문에, 다른 사람의 보고내용과 전체회의의 중심사항은 관심 밖의 일이 되는 것이다.

따라서 회의내용의 중요도는 오로지 회의의 주관자인 조직의 장의 관심도에 따라 결정되는 현상이 나타난다. 이러한 현상을 개선하기 위해서는 직제순서에 의한 보고형태를 바꾸는 시도를 우선적으로 실시해야 한다. 직제순서에 의한 전체보고는 많은 부서가 일일이 보고함으로 인해 시간적인 낭비가 너무나 크다. 정례화되어 있는 회의의 횟수를 목적에 맞추어 줄이는 노력과 함께 실시해야 할 사항이 바로 회의의 형태를 바꾸어 회의의 진행시간은 줄이고 효과는 높이는 노력이다.

시간을 줄이는 방법은 의외로 간단하다. 바로 사전에 중요한 사항만을 골라내어 회의를 진행하는 형태로 회의의 방식을 바꾸는 것이다.

자세한 방법은 뒤에 상세히 기술하였지만 이렇게 사전에 중요한 사안만을 골라내어 회의를 진행하면, 기존의 회의 시간을 적게는 20%에서 많게는 60% 이상까지 줄일 수 있다. 하지만 이러한 방법의 실천에는 회의의 주관자를 비롯한 회의 참석자들의 노력이 필요하다. 그 중에서 특히, 회의의 주관자와 주관부서의 노력이 절대적으로 필요하다.

STEP 4 \ 일상정보는 인트라넷을 적극 활용하라

요즈음 공공기관 사무환경은 1인 1PC 체제가 잘 구축되어 있다. 거의 모든 직원의 책상에 PC가 1대씩 설치되어 있을 정도로 정보화의 환경이 잘 이루어져 있다. 그리고 고속 인터넷 망이 구축되어 원하는 정보를 쉽게 얻을 수 있는 환경이 되었으며, 사내 직원 간에도 인트라넷과 내부 메신저 기능까지 구축해놓은 기관이 대부분이다. 더구나 전자결재시스템까지 구축되어 있어서 웬만한 문서 결재는 인트라넷을 통해 이루어지고 있는 실정이다. 이러한 환경을 잘 활용하면 정보수집과 공유를 위한 오프라인 시간을 반 이상으로 줄일 수 있다.

하지만 이러한 시스템도 활용하기 나름이다. 정보화시스템은 잘 구축이 되어 있는데 이를 활용하지 않는다면 아무리 많은 예산을 들여 구축한 시스템일지라도 무용지물이다. 예를 들어 간부직원이 전자결재를 싫어하고 대면결재를 더 선호한다면 아무리 훌륭한 시스템일지라도 그 효용을 발휘하지 못하는 것이다. 수십 년을 서면결재를 해오던 관행이 상사의 몸에 그대로 배어 있어서 아무리 전자결재를 통해 품신을 하더라도 담당자를 직접 불러 일일이 물어오는 경우라면 담당자는 할 수 없이 전자결재는 전자결재대로 올리고 별도로 서류를 출력하여 결재를 받는 이중결재의 고생을 감수해야 하는 것이다. 물론 이에 대한 간부직원들의 핑계도 다양하다.

"너희도 내 나이가 되어봐라. 깨알만한 글씨로 모니터에 있는 내용을 읽기가 쉬운지……, 나는 꼭 종이에 적혀있는 것을 봐야 무슨 내용인지 머리에 들어온다. 얼굴을 직접보고 무슨 이야기인지를 들어봐야 정확하게 업무를 파악할 수 있고 사람 사는 정이 느껴지지." 이렇게 말하기 시작하면 부하직원은 어쩔 수 없이 이중결재를 받을 수밖에 없다.

이러한 간부가 많을수록 그 조직은 정보의 공유가 어려워진다. 사안이 발생할 때마다 인트라넷을 통한 정보공유보다는 대면에 의한 보고가 이루어져야 하기 때문에, 행여 해당 간부가 자리를 비워 외출이라도 하면, 부하직원은 결재와 보고를 위해 상사의 부재여부를 수시로 체크해야 하는 것이다. 실제로 이러한 일들은 비일비재하게 일어나고 있으며, 이것이 부하직원의 업무효율성을 떨어뜨리는 중요한 요인 중의 하나이다.

간부회의의 시행도 마찬가지다. 회의의 목적이 각 부서의 업무현황에 대한 진행상황의 보고와 정보의 공유가 목적이라면 잘 구축되어 있는 인트라넷을 적극적으로 활용해볼 필요가 있다.

각 팀에서 실시한 업무에 대한 추진상황을 팀장들이 직접 작성하여 인트라넷에 올리면 과장들은 팀장들의 보고내용을 토대로 과의 업무 중에서 중요사항의 추진내용을 국장들에게 인트라넷으로 보고하고, 국장들은 이를 다시 소관 국의 전체 차원에서 정리하여 단체장과 부단체장에게 보고하도록 활용해보자.

어떻게 간부들이 직접 보고서를 작성하느냐는 불만이 있을 수도 있다. 하지만 빠르고 신속한 정보의 공유와 업무처리를 위해서는 상사의 태도가 가장 중요하다. 실제로 간부들이 자신이 해야 할 일을 직원들이 대행하는 것이 당연한 형태로 인식되어 있음으로 인해 발생하는 조직의 전체적인 시간손실은 크다고 볼 수 있다. 시간손실뿐만 아니라 조직문화의 형성에도 엄청난 영향을 미쳐 조직 전체의 효율성을 떨어뜨리는 결과를 낳는다. 간부들이라고 해서 문서를 직접 작성할 능력이 없는 것이 아니다. 각 자치단체에서는 직원들의 정보화능력의 향상을 위해 엄청난 노력을 기울여왔다. 이러한 교육의 혜택을 간부직원들도 당연히 받았으며, 교육을 통해 기본적인 문서는 작성할 수 있을 정도의 실력들은 구비하였다. 그러나 교육만 받고서 업무에는 이러한 능력을 전혀 활용하지 않고 있는 것이 사실이다.

이는 이러한 종류의 업무를 대하는 간부직원들의 마인드가 적극적이지 못하기 때문이다. 간부는 부하직원들이 작성한 내용을 검토하여 더 나은 방향으로 발전시킬 수 있도록 하는 사람이라는 생각에 그러한 서류의 작성은 할 수 없다고 생각하는 것이 문제이다. 그렇기 때문에 스스로 할 수 있는 능력이 있음에도 불구하고, 그 능력을 활용하여 부하직원들의 수고를 덜어주어 조직의 효율성을 높이고자 하는 노력을 기울이지 않는 것이다.

출장보고서 작성을 예로 들어보자. 만일 여러분이 간부라면 직접 혼자서 다녀온 해외출장의 경우, 그 결과보고서를 누가 대신해줄 수 있는가? 본인이 혼자서 수행한 업무를 누가 대신해줄 수는 없는 것이다. 만일 이러한 본인의 출장보고서조차도 부하직원을 시켜서 작성하는 간부라면 그 사람은 간부의 자격이 없다. 간부가 자신의 일을 자신이 직접 하는 사람이 아니라 늘 명령하고, 지시하고 대우받는 사람이라는 인식을 가지고 있기 때문이다.

이런 유형의 간부들이 늘 하는 말이 있다. "나는 부하직원들의 사소한 업무보다는 더 큰 일을 조정하고 고민하는 사람이다." 정말 그러한가? 공조직의 비효율성이 늘 지적되고 경쟁력이 떨어진다고 지적되는 이유가 바로 이러한 간부들의 마인드에서 출발한다. "나는 간부이기 때문에 부하직원들을 감독하고 통제해야 하며, 올바른 방향으로 일을 할 수 있도록 지도해야 한다"라는 생각으로 일하는 간부들은 대부분 그 일조차도 제대로 수행하지 못하는 경우가 많다. 스스로 나서서 해결한 일은 아무것도 없고 그저 부하직원이 해오는 업무에 대해 결재권만 행사하려 하고 있기 때문이다.

즉, 이러한 간부는 일을 같이 하는 동료가 아니라 섬김을 받는 상전의 역할을 충실히 수행하는 사람인 것이다. 1주일 동안 자신의 팀에서 일어난 업무를 과장에게 보고하는 것조차 제대로 수행하지 못하는 팀장이라면, 그러한 일조차 서무직원의 도움을 받아야 하는 팀장이라면 팀장으로서의 자격이 없다고 할 수 있다.

팀장의 역할이 무엇인가? 자기 팀에서 일어나고 있는 모든 업무와 부하직원의 능력까지도 파악하고 있어야 팀장이 아닌가? 오케스트라에서 지휘자가 연주자의 능력을 파악하지 않고 지휘하는 경우가 있는가? 지휘자는 연주자의 능력뿐만 아니라 연주하는 곡의 세세한 부분까지 파악하고 그 느낌을 잘 살릴 수 있어야 유능한 지휘자인 것이다. 더구나 지금은 지휘자가 필요 없는 리더십이 강조되고 있는 시대이다. 오르페우스 체임버 오케스트라❸는 지휘자 없는 오케스트라를 표방하여 단원들의 자발적인 참여로 이루어지는 수평적인 조직문화를 통해 놀라운 찬사를 받고 있다.

수평적 조직문화는 팀원들에 대한 자율적인 권한 부여를 통해 이루어진다. 이는 곧 계층구조를 가지고 있는 조직에서 팀이 성과를 내기 위해서는 팀장의 역할이 얼마나 중요한가를 역설적으로 말해주고 있다. 팀원들의 업무몰입과 간부의 업무파악뿐만 아니라 정보의 전달경로확보를 위해서라도 인트라넷을 적극 활용하도록 해보자.

정보의 소통이 부서나 직원 간에 수평적 혹은 수직적으로 원활하게 이루어지지 못하고 있기 때문에 앞에서의 장면과 같은 확대간부회의의 양상이 되풀이되고 있다. 조직 내에서의 수직·수평의 정보공유와 생산된 정보의 소통이 원활히 이루어진다면 이러한 비효율적인 보고식의 회의는 훨씬 줄어들 수가 있다. 그러기 위해서는 업무를 직접 수행하겠다는 간부직원들의 마음가짐과 실천이 중요하다.

❸ 1972년에 구성된 지휘자가 없는 오케스트라

❷ 토론하는 회의의 실천

앞에서의 네 가지 조건이 충족되어 간부회의의 횟수가 줄어들고, 간부들이 부서에서 추진한 업무에 대한 내용을 스스로 챙기는 문화가 형성되어, 직원들이 회의준비로 쓸데없이 낭비하는 시간이 줄어들었다면, 이제 토론하는 회의를 통해 내용의 깊이를 더할 수 있다.

한때 많은 공조직에서 토론식 회의를 표방하였지만, 번번이 실패하고 마는 이유는 진행기술과 사전준비의 부족이었다. 기존의 회의방식에 익숙해져 있던 사람들에게 어느 날 갑자기 "자, 이제부터는 우리도 토론하는 회의를 합시다"라고 이야기한다고 해서 토론하는 회의로 하루아침에 바뀌지는 않는다. 나름대로의 차분한 준비가 필요하며 훈련이 필요한 것이다. 지금부터는 지방자치단체에서 실천할 수 있는 토론식 회의의 준비사항과 방법에 대해 기술해보기로 한다.

1) 회의안건의 중요도 표기

보고하는 회의가 아니라 토론하는 분위기의 회의를 실시하기 위해서는 우선 각 부서에서 취합하는 회의자료의 작성부터 개선을 실시해야 한다.

회의의 주관부서에서는 각 부서에서 회의자료의 제출시 회의내용에 중요도를 표기하여 제출할 수 있도록 해보자. 각 부서에서 자료를 제출할 때 그 내용의 중요도에 따라 A, B, C 등으로 등급을 매겨서 제출하도록 권고하는 것이다. 그리고 회의주관부서에서는 접수된 전체회의 자료를 다시 A등급에 속하는 보고 자료와 B등급, C등급에 속하는 자료의 세 가지로 구분한다. 그 후 A등급의 보고자료만을 모아서 다시 세 가지 등급으로 구분하여 중요도를 다시 결정하여 최종적인 A등급의 자료만을 가지고 회의를 진행해보자. 이렇게 하면 현재의 회의시간을 대폭 줄일 수가 있을 뿐만 아니라 심도 있는 회의를 개최할 수 있다.

이 방식의 구체적 실천방법은 다음의 순서를 따른다.

① 기획부서에서 각 부서의 회의자료를 취합할 때, 각 부서에서 보고내용의 중요도에 따라 A, B, C로 표기하여 제출하도록 한다.

② 취합된 회의 자료를 기획부서에서는 A, B, C 등급을 검토하여 A등급의 자료만을 취합하여 별도로 분류한다.

③ 별도 분류된 A등급의 자료만을 놓고 다시 A, B, C의 세 등급으로 분류한다.

④ 이 과정에서 A등급으로 분류된 자료들만을 가지고 회의자료를 작성한다.

⑤ 회의자료에 포함된 내용은 제출한 부서에 이를 알리지 않고 회의를 개최한다.

이 단계에서 우선 유의할 점은 회의 개최 전에 분류된 등급을 부서에 알려주지 않는다는 원칙을 지키는 것이다.

A등급으로 분류된 회의 자료를 중심으로 회의를 개최하게 되면, 공조직의 관행상 현업부서의 담당자는 초기에는 A등급으로 분류된 내용이 무엇인지 알아내기 위해 많은 노력을 기울일 것이다. 이는 회의에 참석하는 자기 부서의 간부에게 조금이라도 더 많은 정보를 주고자 함이며, 이것이 윗

사람을 모시는 도리라고 생각하기 때문이다.

하지만 초기에 이 원칙을 어길 경우에는, 원래 의도한 보고하지 않는 형태의 회의진행은 무산되고 말 것이다. 담당자로부터 토론의 자료로 채택된 사안이 무엇인지 알게 된 부서의 장은 그때부터 그 사안에 관한 자료를 스스로 파악하는 노력을 들이기보다는 담당자를 시켜 열심히 챙기라고 지시할 것이고, 챙긴 자료를 중심으로 회의 시에 또다시 열심히 발표할 것이다. 이러다 보면 결국 초기의 의도와는 달리 또 다시 열심히 발표하는 회의가 되고 마는 것이다.

분류된 등급을 현업부서에 알려주는 시기는 따로 있다. 이는 기관의 조직문화와 회의진행의 일관성에 따라 그 차이가 있을 수 있지만, 일반적으로 보고하는 회의에서 토론하는 회의로 관행이 정착되어가기 시작한 이후의 일이다. 토론하는 회의로 습관이 굳어지게 되면 누가 시키지 않아도 회의에 참석하는 부서의 간부는 스스로 자기 부서의 중요사안이 무엇인지 파악하여 회의에 참석하는 습관이 몸에 배게 된다.

이때 비로소 회의를 주관하는 부서에서는 간부회의에서 논의될 중요한 사안이 무엇인지 현업부서의 담당자가 아니라 간부에게 알려주는 것이 좋다. 이렇게 함으로써 한층 더 심화된 회의를 진행할 수 있도록 도움을 주게 되는 것이다.

2) 질문과 토론하기

토론하는 회의를 위한 사전 유의사항으로는 두 가지가 있다.

첫 번째 유의사항은 회의를 시작하기에 앞서 A등급으로 분류된 업무가 없는 부서를 질책하지 않는다는 것이다. 회의 자료를 정리하다 보면 각 부서의 특성에 따라 A등급으로 분류되는 주요 안건이 없는 부서가 발생한다. 이것은 주로 일상적인 업무를 정해진 규칙에 의거하여 처리해 나가는 부서의 업무특성에 기인하는 경우가 대부분이다.

부서업무의 특성상 특별히 보고할 안건이 없는 부서의 장은 처음에는 달라진 회의의 진행방식에서 자신이 보고해야 할 사항이 없다는 것에 대해 안도를 하기도 하지만 얼마 지나지 않아 보고할 사항이 계속해서 없을 경우 혹시 조직의 장이 자신이 일을 하지 않고 있다고 생각하지 않을까 하는 우려를 하게 된다. 그래서 억지로 보고할 거리를 만들어내는 경우가 생겨난다.

하지만 이를 잘 조정해야 토론과 정보공유를 위한 회의가 정착될 수 있다. 그래서 모든 회의는 주관자의 역할이 중요하다. 회의에서의 토론주제로 정해진 사항이 없다고 해서 '그 부서가 일을 하지 않고 있다' 라는 의심으로 이것저것 물어보기 시작하면 해당 부서의 간부는 곧바로 예전의 행태를 반복하려고 시도할 것이기 때문이다.

두 번째 유의사항은 회의를 주관하는 부서에 해당되는 사항이다.

회의의 주관부서는 회의 시작에 앞서 회의 주최자에게 회의 자료를 반드시 사전에 볼 수 있도록 준비하여, 회의의 주최자가 어떻게 회의를 진행할 것인지를 미리 그려볼 수 있도록 해야 한다. 이렇게 하다 보면 경우에 따라 회의의 주최자가 회의개최의 필요성이 없을 경우 회의를 개최하지 않을 수도 있다.

두 가지 유의사항이 모두 지켜졌으면 이제 회의를 시작한다.

회의를 시작하면 먼저 분류된 등급에 따라 회의의 주최자가 자신이 이해하고 있는 수준에서 안건을 설명하고, 부족한 부분이 있는지 해당 부서의 간부에게 묻는다. 해당 부서의 간부가 보충설명이 있을 경우, 이를 청취하고 다른 부서의 간부들에게 보충정보를 요청한다. 그 다음 회의주최자는 회의의 안건에 대해 해결해야 할 방향과 토의해야 할 과제 등에 대해 참석한 간부들 의견을 먼저 듣기 시작한다. 여기서 의견을 듣는 것은 굉장히 중요한 일이며, 주최자는 끝까지 자신은 어떤 이야기도 하지 않겠다는 생각을 가지고 간부들의 의견을 끝까지 듣는 태도를 견지해야 한다.

대개의 공조직에서 토론하는 회의가 이루어지지 못하는 이유가 바로 여기에 있다. 회의를 주관하는 사람이 자신의 생각을 남들에게 강요하려고 하기 때문이다. 즉, 반드시 결론을 내고자 하는 마음이 앞서서 그 결론을 자신의 생각으로 밀어붙이는 것이다. 이렇게 회의의 주관자가 토론하는 회의를 하자고 하면서도 다른 사람의 의견을 받아들이기보다는 자신의 생각만을 이야기하기 때문에 직급이 낮은 다른 참석자들은 자신의 생각을 이야기하려고도 하지 않는다. 어차피 자신의 생각을 이야기해봐야 결론은 주관자인 장이 내릴 것이고 그 의견과 다른 의견을 발표했을 경우, 자신은 이상한 사람으로 취급받을 것이기 때문이다.

그래서 회의를 진행하는 주관자는 질문의 기술이 필요하며, 끝까지 남의 의견을 경청하려는 자세가 필요하다. 다른 사람이 발표한 의견에 대해 적극적으로 들으려는 자세와 되도록 많은 사람들이 의견을 발표할 수 있도록 하는 기술이 필요한 것이다. 토론하는 회의의 실현을 원한다면 가장 중요한 역할을 해야 하는 사람이 바로 회의주최자라는 사실을 다시 한 번 명심해야 한다.

3) 나무라지 않기

토론하는 회의의 실현을 위해서 반드시 지켜야 할 또 하나의 원칙은 상대방의 의견을 질책하지 않는다는 것이다. 이는 회의의 기본이지만 실제로 많은 공조직에 있어서 이러한 원칙이 무너짐으로 인해 지금과 같은 보고식 회의가 오히려 더 많이 행해지고 있는 것이다.

상사가 부하를 질책하는 것이 습관이 되어 있으면 부하직원은 아무리 좋은 의견이 있더라도 입을 다물게 된다. 무슨 말을 하더라도 칭찬을 받아본 경험이 없기 때문에 행여나 또 다시 꾸중을 들을까 무섭기 때문이다. 공조직에서 잘 쓰이는 표현 중의 하나가 '깨졌다' 라는 표현이다. 업무를 잘 처리하지 못하거나 늦게 처리해서 윗사람에게 질책을 받은 경우에 쓰는 표현이다.

실제로 아직도 공조직의 많은 간부들은 부하직원들을 대할 때 가끔 질책을 해야 업무가 잘 진행이 되며, 자신의 권위를 인정받는다고 생각하고 있다. 물론 업무를 태만히 하는 부하직원에 대해 꾸중을 해야 할 경우도 있다. 하지만 꾸중에도 원칙이 있다. 공개적인 석상에서 윗사람이 한 사람을 나무라는 것은 결코 바람직한 방법이 아니다. 특히, 대다수의 간부가 참석한 자리에서 한 사람의 의견을 가지고 회의주최자가 비판을 하면 당사자뿐만 아니라 다른 사람까지도 그 영향을 받게 된다. 칭찬은 여러 사람 앞에서, 꾸중은 일대일로 하라는 말이 있다. 회의와 같은 공개적인 자리에서 업무의 추진이 미흡하다는 이유로 특정한 사람을 무안하게 만드는 사람은 기본적으로 회의를 진행할 자격이 없다. 그러한 방법을 통해서 부하직원들이 경각심을 가지고 더 열심히 일할 것이라고 생각한다면 이는 잘못된 생각이다.

조직의 리더는 아무나 할 수 있는 것이 아니다. 화가 날 때에도 당장의 감정을 다스려 조직 전체의 차원에서 생각을 해야 하며, 부하직원들을 어떻게 육성할 것인지도 생각해야 하는 것이 리더이다. 내가 윗사람이니까 나의 권한이 미치는 범위까지는 내가 데리고 있는 직원들을 통제하여 성과를 내야겠다고 생각한다면 그러한 생각은 하루 빨리 접어야 한다. '어떻게 하면 직원들이 좀 더 즐겁게 열심히 일할 수 있을 것인가'를 항상 고민해야 하는 사람이 리더이다. 명령하고 통제하는 사람이 아니라 자발적인 동기부여를 끊임없이 시킬 수 있는 사람이 제대로 된 리더인 것이다. 회의와 같은 공개적인 자리에서 업무의 추진이 미흡하다고 해서 화를 내거나 그 사람을 질책하는 일은 가장 먼저 버려야 할 습관이다.

그 시점에서는 이러한 방법이 통하는 것처럼 보이지만, 이는 일시적인 착각일 뿐이다. 부하직원이 상사에 대해 등을 돌리는 가장 빠른 지름길이다.

4) 여러 사람이 의견을 발표할 수 있도록 독려한다

사람의 성격은 천차만별이다. 여러 사람 앞에 나서기를 좋아하는 사람이 있는가 하면 다른 사람 앞에 나서기를 싫어하는 사람도 있다. 이러한 성격에 따라 회의에 참석하여 이야기하는 형태도 여러 형태로 나타난다. 우리가 토론을 위한 회의를 진행하다 보면 어느새 발언하는 사람만 이야기하는 구조로 되어 있는 것을 자주 볼 수 있다.

이러한 현상을 방지하기 위해서는 회의 주최자의 기술이 필요하다. 회의를 진행함에 있어 자연스럽게 발언을 하지 않는 참가자에 대해서는 자연스럽게 발언을 할 수 있도록 유도할 수 있어야 한다.

"방금 총무과장께서는 이렇게 말씀하셨는데, 농정과장은 어떻게 생각하십니까?" 하고 질문을 던지고 발언자가 이야기하는 내용에 대해 아무리 사소한 의견이더라도 칭찬을 해주는 자세가 필요하다.

"평소에 말씀이 없으시더니 그렇게 좋은 방안을 이야기해주시기 위해 아껴두셨군요. 앞으로도 회의에서 좋은 의견 자주 부탁드립니다."

이렇게 회의에서 발언하는 사람에 대해 일일이 칭찬을 계속하다 보면, 말을 할까 말까 망설이던 참가자들도 자연스럽게 발언에 대해 두려워하지 않게 된다.

반대로 어렵게 발언을 했는데도 회의주최자가 그에 대해 아무런 반응도 표시하지 않으면 발언자는 '내가 혹시 잘못 이야기한 것은 아닌가?' 하는 생각을 하게 되어 다음부터는 발언에 더욱더 소심해지는 것을 볼 수가 있다.

이렇게 칭찬을 하다 보면, 참가자들은 자연스럽게 자신들이 보좌하고 있는 리더에 대해 친밀감을 느끼게 되고 자신의 존재감을 더욱 확실히 느낄 수 있어 자신의 부하직원들에게도 이러한 자세를 취하게 된다. 실제로 많은 조직에 있어서 간부들이 자신과 함께 일하고 있는 부하직원의 능력에 대해 불만족을 표시하는 것이 일상화되어 있다.

하지만 불만을 나타내기 이전에 부하직원들을 한 번이라도 칭찬해준 적이 있던가? 칭찬을 통해 능력을 키워주려 하기보다는 질책을 통해 자신의 권위를 내세우려 하지는 않았던가?

여러 사람들의 마음속에 품고 있는 진정한 이야기가 듣고 싶다면 참가자들의 발언을 적극적으로 유도할 수 있도록 노력해야 한다. 그것이 바로 발언에 대한 칭찬을 아낌없이 하는 것이다.

5) 회의가 즐거운 자리임을 느낄 수 있도록 유도하라

회의를 주관하는 사람이 회의장에 들어서면서부터 인상을 쓰고 있다면 그날의 회의는 차라리 하지 않는 것이 낫다. 회의의 참가자들은 '저 양반이 오늘 아침부터 왜 저렇게 화가 나 있는 것일까? 혹시 우리 부서의 업무 처리 때문에 그런 것은 아닐까?', '나에게 무슨 불호령이 떨어지는 것은 아닌가?' 하는 걱정에 회의시간 내내 눈치만 살피게 된다.

개인적인 이유이든, 공적인 일로 인한 일이든 간에 회의를 주관하는 사람이 오늘은 도저히 직원들 앞에서 웃을 자신이 없다면 차라리 회의를 하지 말아야 한다. 우울한 기분으로 회의를 주재하였을 경우에 오히려 그러한 기분이 주변사람에게까지 영향을 미쳐 다른 사람들조차 기분이 우울해지게 만들기 때문이다. 또한, 그러한 회의에 참석한 사람들이 각자의 부서에 돌아갔을 경우도 마찬가지다. 좋은 기분으로 돌아갈 수가 없기 때문에 자기의 부서에 돌아가서도 좋은 인상을 지을 수가 없다. 그러다 보면 부서의 부서원 전체가 우울한 분위기에 빠져들 수 있다.

한 사람의 기분이 조직에 미치는 영향은 이토록 큰 것이다. 그 사람이 윗사람일수록 그 파급효과는 더 크게 마련이다. 회의의 시작에 앞서 반드시 기분을 좋게 만들어 회의를 시작해야 한다. 그리고 회의장에는 웃는 얼굴로 들어가서 회의에 참석한 사람들과 인사를 나누어야 한다.

본격적인 회의의 진행에 앞서 가벼운 농담으로 시작해 전체가 웃을 수 있는 분위기를 만든다면 더욱 좋은 회의를 할 수 있을 것이다. 마땅한 농담거리가 생각이 나지 않으면 회의에 참가한 사람에 대한 칭찬으로 시작해도 좋다.

"김 과장님, 오늘 얼굴이 참 좋아 보이네요. 주말에 좋은 일 있었습니까?" 이렇게 사소한 말로 회의에 참가한 사람들의 분위기를 일순간에 밝아지게 만들 수 있다. 회의 중간에도 웃는 얼굴을 유지하려고 애쓰고 친밀한 농담을 던질 수 있도록 노력하는 것이 회의의 전체 분위기를 자유로운 분위기로 만들 수 있다.

명심하라. 여러분이 회의의 주관자이면 여러분의 기분과 표정에 의해 전체 참가자의 기분과 표정이 결정된다는 사실을.

6) 사회를 보지 않는다

회의에서 사회를 보는 경우는 회의의 참가자가 서로 모르는 경우이거나 정해진 식순에 의해 행사를 진행하는 경우이다. 그런데 조직 내부의 사람들끼리 모여서 정보를 주고받고 서로의 의견을 교환하는 자리에서 왜 꼭 사회자가 필요한가? 사회자가 필요하다는 것은 회의가 형식으로 흐른다는 것을 말해주는 것이다. 내부회의의 경우에는 이러한 사회자를 두는 습관부터 없애야 한다. 회의의 주관자가 진행을 하면 그만인 것을 굳이 사회자를 두어 귀중한 시간을 뺏을 필요는 없다.

사회자를 두는 것이 또 다른 형식주의를 양산한다는 것과 회의의 분위기를 딱딱하게 만든다는 것을 잊지 말아야 한다.

"이번에는 ○○가 발표했으니까, 다음은 ○○가 발표해주시기 바랍니다." 마치 초등학교 학예회를 보는 것 같지 않은가? 사회자를 없애고 회의 주관자가 직접 회의를 진행하도록 하라. '체면이 있지 어떻게 직접 진행을 하느냐?'라는 생각이 드는가? 그렇다면 토론을 위주로 한 재미있고 심도 있는 회의는 포기하라.

사회를 보지 않는 것과 더불어 중요한 것이 일정한 순서에 의한 패턴을 없애라는 것이다. 사실 많은 공조직에서 내부회의를 위해 사회자를 별도로 두고서 진행하는 회의는 이제 거의 사라졌다. 하지만 사회자는 없지만 직제 순서라는 것이 있다. 사회자가 없더라도 이러한 직제순서에 의해 보고하는 것이 일반화되어 있어서 누가 보고하면, 그 다음은 누가 보고해야 하는지를 참석자들은 모두 알고 있다.

이러한 직제순서에 의한 보고의 형태를 탈피하여 자유롭고 깊이 있는 토론을 하기 위해서는 사전에 주관자의 철저한 준비가 필요하다. 회의에서 주요 안건으로 다루어야 할 사항이 무엇인지 사전에 충분히 검토해보아야 하는 것이 바로 그것이다. 그래서 그러한 안건을 중심으로 회의의 주관자가 정해진 순서 없이 진행할 수 있을 정도의 노력이 필요하다. 이는 앞에서의 방식처럼 회의 중요도를 표기하고 그 중요도에 따라 회의를 진행하는 방식에 익숙해지면 어려울 것이 없다.

❸ 토론하는 회의의 효과

이러한 과정을 실행함으로써 나타날 수 있는 효과는 다음과 같다.

1) 현업부서의 중요업무 인지 훈련
회의자료의 준비에 있어서 제출하는 자료에 중요도를 표기하여 제출하게 하는 것은 의외로 효과가 크다. 회의에 참석하는 간부가 직접 회의자료를 작성하지 않는다 하더라도 각 부서에서 서무를 담당하는 직원이 업무의 중요도를 항상 고려할 수 있도록 하는 훈련 효과를 거둘 수도 있다.

의외의 이야기가 될 수도 있겠지만 많은 조직에서 업무의 우선순위를 잘 알지 못하고 일하는 경우가 많다. 위에서 당장 지시한 업무를 최우선 순위로 하여 일하는 습관이 몸에 배어 있어서, 정작 중요한 업무를 놓치는 경우가 많다는 것이다. 그래서 회의 자료를 제출하는 데에 있어서도 나름 대로는 중요한 사항을 우선순위에 둔다고 생각하지만 조직 전체의 입장에서 보면 실제로는 그렇지 않은 경우가 많다.

앞에서 제시한 훈련이 지속되다 보면 이를 통해 각 부서의 간부들이나 팀원들이 우리 부서나 팀에서 가장 중요한 일이 무엇인지 항상 염두에 두고 업무를 해나갈 수 있다.

2) 간부의 중요업무 인식

회의의 주최자뿐만 아니라 기획부서에서 조직 전체에서의 중요업무가 무엇인지 인식할 수 있다. 실제로 조직의 장이나 기획부서라고 해서 조직의 중요업무를 늘 염두에 두지는 못한다.

때로는 중요치 않은 사안도 언론의 보도나 민원의 제기 등으로 인해 중요한 사안으로 둔갑하여, 이를 해결하기 위해 많은 시간을 허비하게 되는 우를 범할 수도 있다. 실제로 많은 조직에서 언론에서의 보도에 지나치게 민감하여 사실을 확대해석하는 경우가 많다. 하지만 중요도에 따른 회의의 진행을 체질화하면, 우리 조직에서 정작 중요한 사안이 무엇인지 머리에 그리고 있기 때문에 작은 일을 확대하여 대응하는 낭비를 줄일 수 있다.

이러한 회의의 진행은 조직의 간부들이 중요한 업무를 평소에도 자주 챙길 수 있도록 하는 효과가 있다. 기존의 순서에 의한 보고회의의 경우에는 준비해 간 자료를 읽기만 했지만, 중요한 업무 중심으로 회의를 진행해 보면 각 사안에 대한 토의시간이 늘어난다. 피상적으로 보고자료를 읽는 것만 준비해서는 이러한 토의식 회의에서 토론을 진행하기가 어렵다.

따라서 각 조직의 간부들은 자기 부서의 중요과제에 대해서는 진척상황과 문제점을 항시 숙지하고 있어야 한다. 이는 자연스럽게 업무에 대한 간부들의 몰입도를 높여주는 효과를 거둘 수가 있다.

3) 전체 간부의 이해도 제고

이러한 회의의 진행은 조직의 주요업무에 대한 회의 참석 간부들의 이해를 높인다.

순서에 의한 보고에 익숙해 있던 간부들은 놀랍게도 자신의 발표가 끝나야 비로소 다른 사람의 발표에 귀를 기울이는 태도를 보이는 것을 흔하게 목격할 수 있다. 이는 많은 사람이 모인 회의에서 '실수하지 않아야 한다'는 강박관념을 누구나 잠재의식 속에 가지고 있기 때문에 이러한 현상이 발생하는 것이다.

하지만 회의의 진행방식을 중요업무 몇 가지에 대한 토의방식으로 바꾸고, 회의의 진행방식도 자유로운 분위기로 변화를 주면 이러한 강박관념은 상당부분 해소할 수 있다. 물론 회의방식의 변경 초기부터 당장 효과를 보기는 어렵다. 꾸준한 노력을 통한 효과를 기대해야 하며, 여기에는 회의의 주최자와 주관부서의 노력이 더해져야 함은 물론이다.

4) 회의시간의 단축

앞서 행복시의 월요간부회의를 준비하기 위한 시간을 개략적으로 계산해본 것이 140시간이었다. 이는 물론 각 기관의 특성과 규모에 따라 달라질 수 있지만, 통상적인 시간산출로 볼 때 40개 부서면 이 정도의 시간이 소요된다는 것이다.

회의의 진행방식을 변경하여 실행할 경우, 시행초기에는 새로운 방식에의 적응을 위해 오히려 회의의 준비시간이 더 늘어날 수도 있다. 이는 기존의 방식에서 탈피하는 것이 처음에는 어색하고, 또 무엇인가 보고를 하지 않으면 해당부서에서 일을 하지 않고 놀고 있다는 인식을 윗사람이 하게 되지나 않을까 하는 생각 때문이다.

하지만 시간이 경과함에 따라 중요도에 의한 업무방식에 익숙해지면서 회의의 준비시간은 급속도로 줄어들 수 있다. 이는 회의 자료를 위해 일부러 칸을 메우는 형태의 일을 하지 않게 되는 것을 의미하며 경우에 따라 중요사안이 없을 경우, 해당 팀은 회의 자료를 제출하지 않아도 되는 것이 당연한 것으로 정착되기 때문이다.

이러한 모습이 정착되기 위해서는 앞의 유의사항을 철저히 준수하여 현업부서에서 중요한 사안이 발생하였을 경우에만 보고하는 습관을 들이도록 해야 한다.

5) 업무의 책임성 증가

중요사안에 대한 회의를 진행하다 보면, 모든 사항을 조직의 장에게 보고해야 한다는 강박관념에서 벗어날 수 있다.

리더의 역할이 무엇인가? 조직에 있어서 장은 전지전능한 신이 아니다. 하지만 공조직에서의 장은 모든 사항을 다 관장하는 전지전능한 신의 역할을 수행하고 있다. 이는 환경의 변화가 극심한 현대 조직에서는 바람직하지 않은 모습이다.

특히, 지방자치단체에 있어서 단체장의 역할은 가히 절대적이라고 할 수 있다. 하나에서 열까지 모든 사항을 관장하며 업무를 추진해가고 있는 것이다. 이는 업무추진에 있어서 제대로 된 권한의 위임이 이루어지지 못한 것이 첫째 이유이며, 둘째는 단체장과 간부 스스로가 기존의 관행을 바꾸려 하지 않기 때문이다.

리더는 혼자 일하고 고민하는 존재가 아니다. 주위의 직원들에게 권한의 위임을 통해 스스로 자율적으로 일할 수 있는 환경을 조성하고 그들이 자신의 능력을 십분 발휘하여 업무성과를 낼 수 있도록 독려하는 것이 리더의 가장 중요한 역할 중 하나이다.

또한, 조직의 장은 조직이 나아가야 할 전체적인 방향을 설계하고 이에 대해 끊임없이 고민하여 이를 실천하는 것이 가장 큰 사명이다. 그래서 이러한 장의 역할에 비추어 볼 때, 일상의 사소한 업무에서 벗어나게 해주어야 한다.

A부서의 업무나 B, C부서의 업무 모두가 중요하기 때문에 모두 관심을 가지고 일일이 체크해주는 것이 중요한 것은 아니다.

'A, B, C부서의 업무가 모두 중요하지만 그 업무를 맡고 있는 부서의 장이나 팀원들이 모두 잘해주고 있기 때문에 나는 그 일에 대해서는 부하직원들을 전적으로 신뢰한다.'

'그래서 내가 일일이 신경 쓰지 않아도 되기 때문에 나는 보다 중요한 우리 조직의 비전이나 직원들이 해결할 수 없는 분야의 업무에 신경을 집중하는 것이다' 라는 자세를 조직의 장은 가져야 하며, 이를 지속적으로 부하직원들에게 주지시켜야 한다. 조직에서 일어나는 모든 일을 내가 알고 있어야 한다는 생각을 우선적으로 버리고 간부들을 신뢰하기 시작하면 보다 바람직한 역할을 수행할 수 있다.

중요업무 중심의 회의는 이러한 생각을 실천하는 첫 번째 행동이다. 이러한 회의의 진행을 통해 조직의 장이 자신의 생각을 알리기보다는 간부들의 이야기를 들으려고 노력할 때, 직원들은 비로소 자신의 의견을 이야기하기 시작한다.

조직의 간부들은 이러한 회의의 진행을 통해 '정말로 나의 생각을 우리 장께서 소중히 들어주시는구나. 나는 정말 우리 조직의 발전과 장을 위해서 내가 가진 경험과 지식을 열심히 말씀드리고, 내가 부족한 부분은 공부를 해서라도 도움을 드려야 하겠구나' 하는 생각을 가지게 된다.

보고하는 사안에 대해 일일이 "그건 이렇게 하고, 이건 저렇게 하라"고 지시하는 관행을 유지하면 조직의 간부들은 자신의 생각보다는 장의 생각이 무엇인지를 먼저 생각하는 형태로 업무를 처리하게 된다. 어떠한 논리나 진실에도 앞서는 것이 장의 생각이라고 믿어버리면 이는 장의 입장에서도 피곤하기 짝이 없는 일이다. 모든 사항을 일일이 결재를 맡아 시행하려고 하는 조직의 간부들 때문에 스스로를 힘들게 만드는 결과를 낳게 된다.

이제부터라도 이러한 행태를 바꾸어보려는 노력을 기울여야 한다. 그렇지 않으면 스스로 피곤한 길을 갈 수밖에 없다.

PLAN 2 \ 학습하고 고민하는 부서 만들기

21세기는 지식정보의 홍수시대이다. 지식정보의 시대에는 아는 것이 힘이다. 아는 만큼 볼 수 있고 이해할 수 있다. 사물과 현상을 보는 눈이 없는 사람에게는 아무리 훌륭한 것을 가져다주어도 그 가치를 알아볼 수가 없다.

다양한 분야의 행정을 펼치고 지역의 발전을 위해 노력해야 하는 공무원의 입장에서 변화하는 패러다임에 대한 끊임없는 학습은 당연히 요구되는 덕목이다. 과거의 경험과 지식에 집착하여 현상을 판단하고 미래를 예측하는 것은 어리석은 일이다.

우리를 둘러싼 환경은 숨 가쁘게 변해가고 있다. 그런데도 아직 과거의 경험에만 의존하여 미래를 개척하고자 한다면 얼마나 어리석은 일인가? 그러나 실제로 많은 사람들이 그렇게 업무를 추진하고 있다.

■ 나부터 학습하는 습관을 가지자

"내가 옛날에 이 업무를 해봐서 잘 아는데……."

"예전에는 이런 문제가 없었는데……."

"중앙에서 지침을 제대로 내려주지 않아서……."

아직도 이러한 이야기를 하는 공직자들이 의외로 많다. 특히, 행정경험이 오래된 사람일수록 이러한 이야기를 하는 경향이 강하다. 이들은 자신들의 오래된 행정경험이 마치 모든 것을 해결할 수 있을 것처럼 이야기한다. 오랜 기간 동안 공직생활을 하였기에 다양한 경험을 가지고 있으며, 여러 분야의 업무를 수행해보았기 때문에 모르는 것이 거의 없다고 생각한다.

하지만 실상은 어떠한가? 순환보직으로 인해 이 부서에서 2년, 저 부서에서 2년, 동사무소에서 2년 등, 이리저리 돌아다니다 보니 각종 업무의 겉은 알고 있을지언정 정작, 그 업무의 깊이 있는 내용이나 장기적인 발전 방향에 대해서는 잘 알고 있지 못하는 경우가 대부분이다.

현실적으로 직급이 높을수록 모른다고 솔직하게 이야기하는 것을 두려워한다. 모른다고 이야기하는 것 자체가 굉장한 권위의 손상이라고 생각하는 것이 바탕에 깔려 있기 때문이다. 물론 남자와 여자는 그 유전적 특성으로 인해 성향이 다르게 나타난다. 여성들은 잘 모르는 사항에 대해서 솔직하게 모른다고 이야기하고 도움을 청하는 성향이 있지만 남자들은 어떠한가? 모르는 것을 솔직히 모른다고 이야기하고 도움을 요청하기보다는 입을 다물고 아는 척을 한다. 그리고 잘 알지 못하는데도 불구하고 습득된 정보를 자기 나름의 정보로 해석하여 부하에게 업무지시를 하거나 업무를 추진해버리는 경우가 있다. 사정이 이렇다 보니 솔직하지 못한 상사와 함께 일하는 부하직원은 늘 힘들게 마련이다. 더구나 이런 유형의 상사들은 자신의 잘못을 시인하려고 들지도 않는다.

자신의 직위에 맞는 지식과 실력을 가지고 있다고 생각하기 때문에 자신은 항상 옳다고 믿고 있으며, 남의 이야기를 받아들이는 것이 미덕이 아니라 자존심에 상처를 입는 것이라 생각하는 경향이 강하기 때문이다. 이러한 상사들로 인해 업무의 추진이 그릇된 방향으로 진행되는 경우가 비일비재하다. 한참 업무를 추진하고 나서야 잘못된 것을 알고는 그 책임은 부하에게로 돌려버리려고 하는 악질적인 상사도 그래서 생겨나는 것이다.

이제 경험만으로 일하던 시대는 지났다고 할 수 있다. 실제로 과거처럼 변화의 속도가 더딘 경우에는 경험이 가장 훌륭한 자산이었다. 농경사회에서는 농부의 경험이 가장 중요한 자산이었으나 지금은 지식정보화사회이다. 농경사회에서나 통할 수 있는 패러다임을 고수해서는 발전이 있을 수 없다.

조직은 변화에 적응하거나 변화를 창조해가야 하는 유기체이다. 유기체 속에서 생활하면서 과거 농부의 마인드를 가지고 있으면 잡음이 생기기 마련이다. 이제부터라도 과거와 같은 실수를 되풀이하지 않기 위해서는 학습하는 자세가 필요하다.

세상의 변화에 귀를 기울이고 후배들의 소리를 귀담아 들어야 한다. 그러기 위해서는 방법을 배워야 한다. 배움은 스스로의 노력으로 이루어진다. 나에게 부족한 부분이 무엇인지 발견하고 이를 보충하기 위한 노력을 기울이는 한편, 나 자신의 장점은 무엇인지도 알아내어 그 능력을 강화시키는 노력을 하여야 한다.

한 달에 책을 한 권도 읽지 못하는 직장인들이 의외로 많다. 스스로의 발전을 위해 책 읽는 습관을 가지는 것이 중요하다. 좋은 책을 읽었을 경우에는 그 책을 다른 사람에게도 소개하도록 해보자. 매일같이 얼굴을 마주 대하는 부하 직원에게 감명 깊었던 책을 선물하는 것도 좋은 방법이다.

학습하는 조직문화는 누가 시켜서 되는 것이 아니다. 나 스스로가 바뀌어야 그러한 문화가 형성될 수 있는 첫걸음이 시작되는 것이다. 과거 지향적이고 소모적인 모임의 횟수를 줄이고 대신 스스로의 학습을 위한 노력을 기울이자.

❷ 동료들과 함께 부서 비전을 수립해보자

많은 공조직이 가지고 있는 공통적인 사항들 중의 하나가 대부분의 조직이 업무분장서는 있으되 부서별 미션과 비전 기술서는 가지고 있지 않다는 사실이다.

미션과 비전이 무엇인가? 개인이나 팀, 나아가 조직의 존재이유가 무엇이고 우리는 어떠한 미래의 실현을 위해 노력하고 있다는 것을 나타내는 기본적인 사항이 아닌가? 하지만 이러한 기술서는 좀처럼 찾아보기 힘들다. 간혹 개인적으로 집합교육 시간에 학습의 도구로 개인의 미션과 비전은 작성해본 경험은 있더라도 부서단위로 된 비전과 미션 기술서가 작성되어 있는 공조직을 찾아보기는 힘들다.

대부분의 조직이 '우리 부서는 고객이 누구이고, 그 고객이 원하는 것이 무엇이며, 그러한 고객의 니즈를 충족시키기 위해 우리는 어떠한 존재의 가치를 가지는지 잘 알고 있기에 어떠한 자세로 일하고 있다' 라는 식의 미션을 뚜렷이 기술해놓고 있지 않다.

문장으로 표현되어 있지는 않지만 머릿속에는 그러한 개념이 모두 들어가 있다고 이야기할 수도 있다. 하지만 머릿속에 막연한 개념으로 있는 것과 구체적인 문장으로 표현되어 있는 것은 엄연한 차이가 있다. 성공하고 싶다면 자신이 이루고자 하는 바를 종이에 구체적으로 써보라는 말이 있다. 실제로 종이에 자신이 이루고자 하는 바를 구체적으로 적어놓고 이를 실천한 사람과 그렇지 않은 사람의 차이는 굉장히 크다는 사실을 사회학자들이 통계적으로 증명하고 있다.

조직의 역할과 방향을 명확히 하기 위해서는 기본적으로 문서로 된 업무기술서가 필요하다. 하지만 여기서 그치고 있는 것이 문제이다. 내가 하는 일의 목적이 무엇이며, 나의 일이 왜 중요한 것인지, 그리고 내가 나의 업무수행을 위해 이루고자 하는 것은 무엇인지 아는 것은 매우 중요한 일이다. 이러한 인식이 있어야 업무의 질을 높이기 위한 개선의 의식이 생겨날 수 있기 때문이다. 부서의 미션과 비전은 이러한 이유로 인하여 매우 중요하다. 개인이 모여 팀으로 일하는 조직의 구조에서 팀의 역할과 방향성이 없는 상태에서 개인에게 아무리 고객만족을 이야기하고 혁신을 이야기해 봐야 피부에 와 닿지 않기 때문이다.

사정이 이렇다보니 중앙정부에서 지방자치단체에 시달하는 행정혁신의 지침이 일선에서는 '스님 염불하는 소리'로밖에 들리지 않는 것이다. 지방행정에 있어서의 행정의 혁신이 제대로 일어나기 위해서는 우선 가장 시급한 것이 부서별로 미션과 비전을 정립해보는 것이다.

우리부서가 존재하는 이유와 앞으로 나아가야 할 방향성을 부서의 전 직원이 모여 토론하고 학습하여 만들어보는 것이 필요하다. 외부의 전문 가에게 용역을 맡겨 자치단체의 전체적인 비전을 수립할 것이 아니라 직 원들 스스로의 힘으로 미래 비전을 수립해보자. 그저 좋은 아이템을 나열 해놓은 모양 좋은 보고서를 만드는 형태의 장기발전계획수립이 아니라, 자치단체의 현실을 심각하게 스스로 고민하고 발전적 방향에 대해서는 학 습을 통해 안목을 키워 스스로 실천할 수 있는 계획서를 만드는 것이 중요 하다.

여러분이 만약 인사발령에 의해 어느 부서의 새로운 팀을 맡게 되었다 고 가정해보자. 가장 먼저 해야 할 일이 무엇인가?

우선적으로 업무분장을 확인하고 전임자로부터 과거에 수행했던 업무 와 현재 추진하고 있는 업무가 무엇인지에 대한 설명을 듣고, 곧이어 알고 자 하는 것이 조직의 장이 무엇에 관심 있었나 하는 부분이 아닌가? 그리 고 생각이 조금 더 깊은 사람은 업무를 추진하는 데 있어서 관련된 관내의 이해관계자들을 파악하는 것까지 챙겨서 본인의 업무추진에 무리가 없도 록 하는 것이 일반적인 사항 아닌가? 사정이 이러하다 보니 새로운 자리 에 발령받은 사람들이 가장 중요하게 생각하는 것은 바로 단체장의 관심 사와 견해, 그리고 이해관계집단과의 역학관계가 되고 말았다.

하지만 정작 중요한 것은 새로이 맡게 된 업무의 미션과 비전이다. 새로 이 맡게 된 업무가 어떠한 미션을 가지고 있으며 전임자가 생각했던 비전은 어떠한 것인지를 파악하고 그와 관련하여 팀원들과 의견을 공유하는 것이 제일 중요한 일인 것이다. 그런데 현실은 어떠한가? 여러분이 새로 부임하여 이러한 이야기를 전임자나 팀원들에게 한다면 그들은 어떠한 반응을 보일 것인가? 아마도 이상한 사람이라는 취급을 당하는 것이 현재의 우리의 자화상일 것이다. 이제부터라도 부서의 미션과 비전을 스스로의 힘으로 만들어보자. 이는 팀원들과의 일체감 형성을 위해서도 반드시 필요한 것이다. 행정은 종합서비스이기 때문에 그러한 것이 필요 없다고 이야기할 수는 없다. 종합 서비스이기에 더더욱 필요한 것이다.

여러분의 자녀가 아무런 목적의식 없이 학교와 학원을 멍하게 오간다면 여러분은 어떻게 하겠는가? 조직도 마찬가지다. 미션과 비전이 없는 상태에서는 즉, 기본적인 토대가 형성되어 있지 않는 상태에서는 효율적인 업무처리나 탁월한 성과는 기대할 수도 없는 것이다. 당신이 팀장이라면 팀원들과 같이 팀의 미션과 비전을 만들어보기 바란다. 당신이 과장이라면 팀장들과 토론하여 당신 부서의 미션과 비전을 만들어보기 바란다.

이는 업무분장에 나와 있는 사항은 물론 아니다. 누가 시켜서 하는 일도 아니다. 하지만 여러분이 속해 있는 자치단체의 발전과 여러분과 함께 일하고 있는 동료직원들의 정체성을 위해서 자발적으로 시작해보자. 다른 사람은 하지 않는데 나만 나서서 잘난 척하는 것 같아서 망설여질 수도 있다. 공직생활이 몇 년 남지도 않았는데 사서 고생을 한다고 생각할 수도 있다. 이 나이에 어린 후배들과 토론을 하고 같이 공부한다는 것이 망설여질 수도 있다. 하지만 누군가는 꼭 해야 하는 일이다.

우선 미션과 비전이 무엇인지에 대해 여러분 스스로가 관련도서나 기업의 자료를 뒤져보거나 주위의 전문가에게 자문을 구하여 개념을 확실히 인식하는 노력을 기울여보자. 당신이 주체가 되고자 하는 일은 스스로가 먼저 개념을 정확히 알아야 한다. 그리고 실행의 방법도 스스로가 구상하여야 한다. 개념에 대한 파악이 끝났으면 여러분의 동료나 후배직원들을 참여시켜서 같이 설정하는 작업을 하기 바란다. 이 단계에서 주의할 점은 과거의 행태로 접근하지 말라는 것이다.

"우리 부서의 미션과 비전을 수립하려는 생각을 내가 가지고 있으니, 누구는 무엇을 맡고 누구는 무엇을 맡고……"하는 식으로 지시하는 방식으로 하지 말라는 것이다.

미션과 비전의 수립은 스스로의 자발적인 참여가 제일 중요하다. 따라서 시간이 걸리더라도 자발적인 참여를 할 수 있도록 유도해야 한다. 내 생각이 이러하니 너희들은 따라오라는 식의 강요는 본질적인 목적을 달성하기가 어렵다.

부서나 팀의 미션과 비전수립의 필요성에 대해서도 스스로 깨달을 수 있도록 하는 방법을 동원하라. 필요할 경우에 필요한 도서를 직접 구입해서 함께 할 동료들에게 선물하고 스스로 느낀 바를 토론하면서 자연스럽게 필요성을 그들 스스로의 입으로 이야기할 수 있도록 하는 것도 방법이다. 동료들이 필요성을 인식하고 한번 해보자 하는 의욕이 생겼을 경우에도, 스스로 해야 할 일을 결정할 수 있도록 재량권을 그들에게 부여해야한다. 이제 필요성을 공감했으니 각자의 특성에 맞추어 해야 할 일을 일괄해서 배분하는 형태는 곤란하다.

사람은 스스로 결정하고 스스로 말한 것에 대해 기본적으로 책임을 지려고 한다. 스스로 결정할 수 있도록 유도함으로써 미션과 비전을 수립하는 일을 누가 시켜서 한 일이 아니라 스스로 필요성을 절감하여 하겠다고 자원한 일로 만드는 것이 중요하다. 작업의 스케줄을 정하고 역할을 분담한 뒤에는 참여자들이 그 일에 자부심을 느낄 수 있도록 유도해주어야 하며, 즐겁게 수행할 수 있도록 분위기를 형성해주어야 한다.

그리고 때때로 직원들이 난관에 봉착했을 때는 같이 참여하여 문제를 해결하고자 하는 노력을 기울여야 하며, 기술적인 문제에 대해서는 코치를 할 수 있도록 자신도 준비하는 자세가 필요하다. 이러한 과정을 통해 부서의 미션과 비전을 수립하였다면 직원들의 노고에 대한 치하를 통해 그들이 동기부여를 받을 수 있도록 해야 한다.

하지만 이러한 과정의 진행에 있어서도 유의해야 할 점이 있다. 공동의 노력을 기울여 만든 결과물에 대해 자신이 모든 공을 가로채려는 습성이 그것이다. 잘된 일은 내 덕택이고 잘못된 것은 모두 직원의 탓이라는 식으로 상사가 본색을 나타내면, 여러분의 동료들은 다시는 그러한 작업을 함께 하지 않을 뿐만 아니라 여러분에게 인간적인 배신감을 느껴, 당신을 다시는 같이 일하고 싶지 않은 상사로 기억할 것이다.

또한 작업의 과정에 있어 직원들을 믿지 못하여 모든 것을 일일이 챙기려 한다면 직원들은 상사의 구미에 맞는 형태의 보고서 작성을 위한 서류 작업으로 그쳐 하기 싫은 일을 억지로 하는 결과를 낳게 될 것이다. 직원들의 자발적인 참여를 유도하고 미덥지 못하더라도 자율적으로 진행할 수 있도록 하는 코치의 역할을 수행하는 것이 무엇보다 중요하다는 사실을 명심해야 한다.

❸ 분야별 연구모임을 만들자

지방자치단체에서 근무하고 있는 사람들을 만나 바람직한 조직의 발전을 위해서 가장 중요한 것이 무엇이냐는 질문을 던지면, 대부분이 단체장의 의지와 생각이 가장 중요한 요소라고 대답한다. 물론 틀린 말은 아니다. 하지만 이는 지방행정이 그만큼 자치단체장에 대한 의존도가 높다는 것을 의미하며, 실제로 지방행정의 현장에 있는 사람들이 업무를 단체장의 생각을 중심으로 추진하고 있다는 사실의 반증이기도 하다.

여기서 짚고 넘어가야 할 사항은 단체장에 대한 지방행정의 의존도가 높다는 것이 결코 바람직한 현상만은 아니라는 것이다. 민주주의의 원칙에 입각하여 선출된 단체장이 복잡다단한 지방행정의 모든 분야를 속속들이 알고 있는 경우는 극히 드문 것이 사실이며, 단체장의 역할에 비추어 보아도 이러한 현상은 결코 바람직한 것이 아니다.

지방자치를 실시하는 근본적인 목적은 거주지역의 특성을 정확하게 파악하고 있는 지방공무원과 바람직한 지역발전의 방향을 제시할 수 있는 단체장이 합심하여, 지역민심의 반영을 통해 지역의 경쟁력을 세계적인 수준으로 끌어올려 주민의 삶을 보다 행복하게 하기 위함이다.

이러한 지방자치의 실시목적에 맞도록 지방행정을 전개하기 위해서는 우선적으로 전문성이 있는 공무원과 지역발전의 비전을 제시할 수 있는 역량 있는 단체장이 함께 해야 한다. 지역발전의 비전을 제시할 수 있는 역량 있는 단체장은 지역주민들이 후보들의 공약사항과 자질을 검토하여 민주적인 절차로 선출하는 것으로 검증받고 있다.

하지만 전문성 있는 공무원은 그 자질의 검증을 투표를 통해 알아볼 수도 없는 노릇이며, 애초에 공무원임용고시를 통해 선발하고 있는 것이 우리의 현실이다. 공무원 임용고시를 통해 선발하는 것이 잘못되었다는 것이 아니라 선발한 이후의 인적자원관리가 문제라는 것이다. 어려운 임용고시를 통해 공무원으로 선발된 이후에 공무원 개개인의 역량을 강화시켜 전문가로 성장할 수 있는 체계적인 인사관리의 시스템이 구비되어 있지 못한 것이 문제이다.

체계적인 인사관리의 시스템은 행정조직의 구조적인 문제와 행태적인 문제로 구분할 수 있다. 행태적인 문제는 조직문화와도 관련된 문제이기에 다음 장에서 자세히 기술하기로 하고 우선 구조적인 문제에 대해 언급해보기로 하자.

공무원 임용은 크게 행정직과 기술직으로 구분하여 임용고사를 실시하여 채용한다. 시험에 합격하여 교육을 마친 뒤 현장에 배치되면 대부분의 신입 공직자들은 지방행정의 최전선이라 할 수 있는 읍면동 사무소에 배치되는 비중이 상대적으로 높다. 물론 본청에 배치되어 처음부터 일을 하는 경우도 있지만 상대적으로 일선 사무소에 배치되는 비중이 높다는 것이다. 이러한 인사배치는 가장 의욕이 넘치고 탐구욕이 왕성한 신입 공직자에게 지방행정의 전반에 대한 이해를 넓힐 수 있는 기회를 박탈하는 결과를 낳는다.

일선 읍·면·동사무소가 무엇을 하는 곳인가. 행정의 최전선에서 지역 주민을 상대하여 주민의 소리를 듣고 본청과 협조하여 민원을 처리하는 곳이 아닌가? 이러한 최전선에 공직자로서 아직 본격적인 지방행정의 식견을 갖추지 못한 신입직원을 배치하여 근무하도록 하는 것은 깊이 있는 행정서비스의 전개를 스스로 포기하도록 만드는 것이다. 또한, 개인의 차원에서도 지방행정의 전반에 대한 심도 있는 학습의 기회를 놓치게 되는 결과를 낳는다.

군인도 충분한 훈련을 시킨 후에 전선에 배치하는 것이 기본이다. 공무원으로 임용된 후 신임공직자로서 교육을 받았기에 별 문제가 없다고 할 수도 있다. 하지만 정말 충분한 교육을 받았는가를 생각해보면 그렇지 않다는 것을 알 수 있다.

행정의 최 일선에 배치된 신입직원은 현장에서 자신이 담당하고 있는 업무에 대해서만 충실히 수행하려는 노력을 기울이게 되며, 이는 결국 사람을 상대하는 단순한 업무를 수행하게 하는 것으로 인해 행정서비스 집행의 이면에 있는 정책적인 사항들을 기획하는 기회를 부여받지 못하여 결국 초임시절에 전략적인 마인드를 기를 수 있는 기회를 상실하는 결과를 낳는다.

이런 식으로 현장에서 근무를 하였든 본청에서 근무를 하였든 간에 일정 시간이 경과한 후에는 인사이동을 경험하게 된다. 인사이동은 체계적인 경력개발의 시스템 하에서 이루어지는 것이 아니라 부서별 소요인력과 진급에 의한 요소로 인해 시행되며, 이 부서, 저 부서를 2, 3년 단위로 옮겨 다니게 된다. 이러한 인사이동은 퇴직할 때까지 지속적으로 시행되어 행정의 업무에 대한 깊이 있는 식견을 구비하는 것을 방해하는 요소로 작용하고 있다. 총무과에서 건설과로, 건설과에서 문화관광과로, 문화관광과에서 회계과로, 회계과에서 주민생활지원과로 정신없이 옮겨 다니는 것이 일반화되어 있다.

이러한 보직이동을 통해 얻는 것은 한 분야에 대한 전문적인 지식이 아니라 다방면에 걸친 다양한 경험이 된다. 이러한 다양한 경험은 과거에 중앙정부에서 모든 정책을 기획하고 지방행정기관은 집행을 성실히 수행하는 구조에서는 효용성이 있었지만, 지금과 같은 지방자치시대에는 많은 폐단을 낳고 있는 것이 사실이다. 자신이 맡은 분야에 대한 깊이 있는 식견이 없다 보니 다른 지자체에서 어떠한 아이템이 성공하였다 하는 소리가 들리면 확고한 자신감과 신념이 없이 너나 할 것 없이 앞 다투어 모방하는 사태로까지 이어지는 것이다.

어느 지자체에서 온천을 개발하여 재미를 보았다 하면 여기저기서 온천개발에 대한 타당성을 검토하고, 그것이 지역경제를 활성화시킨다는 명분 아래 어느새 그러한 개발을 장려하는 분위기로까지 확산된다.

왜 이러한 현상이 벌어지는가? 물론 재임기간에 무엇인가 업적을 남기려고 하는 단체장의 의지까지 더해져 이러한 일이 벌어지기도 하지만, 공무원이 지역개발에 관련한 전문적인 식견이 없음으로 인해 정확한 판단을 내리지 못하는 것이 더 큰 원인이라고 할 수 있다. 부서에 책임자로 있는 사람이나 담당자나 모두가 이 부서, 저 부서를 옮겨 다니다 보니 전문성을 키울 만한 시간이 없었던 것이다.

또한 각종 교육을 받고는 있지만 교육의 대부분이 직능교육에 치우쳐 있을 뿐만 아니라, 업무에 바쁜 관계로 그나마도 제대로 참석할 수 있는 기회가 보장되어 있지 않은 것이 현실인 것이다. 현실이 이렇다 보니 장기 발전계획의 수립도 스스로 할 엄두를 내지 못하는 것이다. 지방행정의 각 분야별로 개략적인 사항은 알고 있고, 자신이 담당했던 업무에 한해서는 비교적 소상히 알고 있더라도 미래의 발전적인 방향까지 설계하기에는 능력이 모자란다고 생각하기 때문에 어쩔 수 없이 외부에 용역을 맡길 수밖에 없는 것이다.

이러한 구조적인 문제가 하루아침에 해결될 수는 없다. 그렇다고 언제까지 형식적인 계획을 세우고 있을 수만도 없는 노릇이다. 그래서 필요한 것이 내부의 역량강화다.

지금부터라도 각 분야별로 공무원이 중심이 된 연구모임을 만들고 시간을 투자하여 공부를 해야 한다. 주어진 업무만 열심히 수행하여 인정을 받던 시대는 지나갔다. 문화관광이면 문화관광과 관련된 부서의 사람들끼리 모여 정기적인 학습을 시도해야 한다. 일반적인 군민의 교양강좌를 위해서는 예산을 배정하면서도 자체의 역량을 강화하기 위한 중요한 일에는 예산 배정을 아까워하는 것은 말이 되지 않는다.

지방의회에서는 이제부터라도 공무원의 역량강화를 위한 사업에는 아낌없이 예산을 배정해주어야 한다. 그것이 미래의 발전을 위해 가장 중요한 일임을 명심해야 한다. 자녀교육을 위해서는 사교육비를 아까워하지 않으면서도 정작 지역을 위해 혼신의 노력을 기울여야 하는 지역일꾼들을 위한 예산에는 각박하게 구는 행태를 바꾸어야 한다.

한 사람이 교육에 참가해서 열심히 배우고 그것을 다른 공무원들에게 전파하면 된다는 식의 논리를 지방의회에서는 더 이상 펴지 말아야 한다.

'교육은 콩나물시루에 물 붓기' 라는 말이 있다. 당장은 효과가 없는 것처럼 보여도 어느 순간에 보면 콩나물은 쑥쑥 자라 있다. 사람의 교육도 마찬가지다. 교육에 대한 투자는 아껴서 될 성질의 것이 아니다. 공직자들의 자질과 능력을 비판하기 전에 그러한 토양을 먼저 만들어주어야 한다.

청 내에서 일정한 분야와 관련한 연구모임이 만들어지고 학습을 위한 예산이 필요하다고 하면 반드시 지원해 주어야 한다. 취미활동을 위한 동호회 수준의 지원이 아니라 대폭적인 지원을 통해 공직자들이 스스로 학습할 수 있는 분위기를 형성할 수 있도록 우호적인 지원을 아끼지 말아야 한다. 그래서 연구모임 스스로가 그 분야에서 최고의 명성을 얻고 있는 전문가를 초빙하여 세미나도 열고 지역의 발전과 관련한 학술 토론회도 스스럼없이 개최할 수 있어야 지역이 발전할 수 있는 초석이 마련되는 것이다. 업무의 결과만을 가지고 비판만 할 것이 아니라 재미있고 즐겁게 열심히 일할 수 있는 토양을 먼저 만들어주는 것이 중요하다.

간부들은 이러한 분위기를 장려해야 하며, 스스로도 이러한 모임의 결성을 주도해야 한다. 자신이 가지고 있는 지식이 얼마나 일천한 것인가는 간부 공직자 스스로가 너무나 잘 알고 있다. 나는 간부니까 나의 한계를 드러내는 것이 창피하다고 생각하면 이러한 역할은 제대로 수행하지 못한다. 이러한 역할을 수행하기를 망설이는 간부 공직자들의 첫 번째 이유는 부하직원들에 대해서 자신이 늘 가르쳐야 하는 입장이라고 인식하고 있기 때문이다.

시대는 빠르게 변하고 있다. 간부 스스로 자신도 지식이 부족하니 함께 학습해보자고 제안한다고 해서 부하직원들이 그 사람을 우습게 여기는 일은 절대로 없다. 오히려 그러한 태도에 대해 높게 평가할 것이다. 동반하여 성장할 수 있는 기회를 만들고 함께 노력하자고 제안하는 것에 대해 싫은 기색을 보이는 사람은 조직에 근무하는 사람으로서의 자격이 없다.

지금부터라도 자발적인 학습동아리를 결성하라. 그래서 자신이 가지고 있는 지식과 경험을 공유하고 이를 통해 미래를 위한 발전의 초석을 다져보기 바란다.

PLAN 3 \ 열정을 통한 행정의 가치창조

부지런한 직장인의 하루일과를 살펴보자.

아침 6시 기상.

아침 7시 30분 간단히 운동하고 출근 준비해서 집을 나서는 시간.

아침 8시 30분 사무실에 출근한 시간.

오후 6시 30분 오늘의 업무를 정리하기 시작하는 시간.

오후 7시 퇴근.

오후 8시 집에 도착.

저녁 11시 잠자리에 드는 시간.

이상은 저녁시간에 회식이나 약속이 없는 경우, 대부분의 직장인들의 하루 일과표라고 할 수 있다.

이제 시간 계산을 해보자. 하루 24시간 중에 집에서 지내는 시간은 오후 8시부터 오전 7시 30분까지 총 11시간 30분이다. 나머지 시간은 직장을 위해 출·퇴근하는 시간과 일하는 시간으로 구성되어 있다. 집에서 보내는 시간에서 잠자는 시간을 제외하면, 집에서 가족과 얼굴을 맞대고 있는 시간은 4시간 30분에 불과하다. 하지만 출·퇴근 시간을 제외하고도 직장에서 동료들과 얼굴을 마주하는 시간은 하루에 무려 10시간 30분이나 된다. 이것을 주 5일 근무의 시간으로 환산하면 52시간 30분이 된다.

일주일을 위와 같이 저녁에 다른 약속이 없고, 주말을 온전히 가족과 보낸다고 하더라도 가족과 얼굴을 마주하는 시간은 56시간 30분이라는 계산이 나온다.

하지만 대개의 직장인의 경우, 이렇게 가족과 일주일 동안 56시간 이상을 함께 보낼 수 있는 사람은 거의 없다. 밀린 업무로 인해 야근을 해야 하거나, 직장에서의 인간관계를 위해 회식을 하거나, 아니면 친구들을 만나 교류를 하거나, 심지어는 피치 못할 사정으로 주말에도 출근해서 업무를 처리해야만 하는 상황으로 가족과의 시간은 통상적으로 50시간을 넘기기가 매우 힘든 것이 현실이다.

또한, 자기계발을 위해 노력하고 있는 사람의 경우에는 더더욱 가족과의 시간은 줄어든다. 이러한 사정은 퇴직을 하는 그날까지 이어져 통상적으로 공무원의 경우, 일생을 통틀어 퇴직하기 전까지는 가족과 보내는 시간보다는 직장동료와 보내는 시간이 더 많은 것이 엄연한 현실이다.

이렇게 많은 시간을 보내고 있는 조직생활에서 지속적으로 열정을 가지고 일을 하는 사람을 찾기가 매우 힘들다. 설사 어떠한 계기로 열정이 생겼더라도 그 열정을 지속적으로 유지하는 사람을 찾기는 매우 어려운 일이다. 인생의 대부분을 보내는 일터에서 자신의 일에 대한 열정을 끊임없이 불사르는 것이 왜 이토록 어려운 일일까?

가장 큰 원인은, 자신의 일에 대한 가치의식의 부족에서 발견할 수 있다. 내가 현재 하고 있는 일이 궁극적으로 무슨 가치를 창출하기 위한 일이며 나의 일로 인한 결과가 누구에게 어떠한 가치를 안겨주는 것인지에 대한 개념이 부족한 것이다. 실제로 자신의 일에 대한 가치를 깨닫지 못함으로 인해 많은 직장인들이 조직생활에서 스트레스를 받고 있으며, 조직에 있어서 자신의 존재를 한없이 미약한 것으로 생각해버리는 경향이 있다.

바람직한 모든 일에는 가치가 있다. 자신의 일에 대한 뚜렷한 가치의식을 가지고 일하는 사람과, 그렇지 못한 사람은 일의 처리방식이나 결과에서 현격한 차이를 가져온다. 끊임없는 열정을 위해서는 우선 자신의 일에 대한 가치를 분명히 하는 것이 필수이다. 그러기 위해서는 우리의 조직생활에 대한 생각도 여러 가지 면에서 달리 생각해볼 필요가 있다.

■ 직장동료는 공동의 가치추구를 위한 동료

인생에 있어서 오랜 시간을 직장생활을 하며 보낼 수밖에 없는 직장인들이 정작 직장에서 보내는 시간에 대해서는 어떻게 느끼고 있는가를 생각해보면, 그리 즐겁게 생각하고 있지 않은 경우가 많은 것 또한 사실이다. 그러다 보니 월요일 아침이면 회사에 출근하기 싫어지는 '월요병' 이라는 병 아닌 병이 생겨났고, 직장에만 출근하면 이유 없이 머리가 아프다고 호소하는 사람까지 있다.

그런데 이러한 직장생활에서 오는 스트레스의 원인은 대부분이 업무가 아니라 인간관계에서 기인하고 있다. 특히, 많은 직장인들이 상사와의 관계를 직장에서의 가장 큰 스트레스 요인으로 지적하고 있다. 이러한 상사와의 의견 불일치나 인간관계의 불편함은 계층적인 조직문화가 강한 조직일수록 한층 더 심각하다고 할 수 있다.

부하 직원에게 스트레스의 제일 요소로 꼽히는 상사들도, 한때는 부하 직원으로서 자신의 상사로부터 똑같은 스트레스를 받은 경험이 있음에도 불구하고 왜 이런 상황이 반복되는 것인가?

1) 스트레스의 원인은 자기중심적인 사고

인간관계에 의한 스트레스가 반복되는 원인은 크게 세 가지로 구분할 수 있는데, 첫째 원인은 자기중심적인 사고에 있다.

인간은 자기중심으로 세상을 바라보고 이해하려 하는 동물이기 때문에 인간관계에 있어서도 자기중심적인 사고를 하는 것이 당연하다. 한때 조직의 말단에서 일할 때는, 상사의 입장을 이해하지 못해서 상사가 고의적으로 자신을 괴롭힌다고 생각할 때도 있었다. 그러나 직급이 올라가면 부하직원들이 조직전체의 상황을 보지 못하여 상사인 자신의 입장을 이해하지 못한다고 생각하게 된다.

이러한 상황들은 모두가 자기중심적인 사고에서 비롯된 것이다. 자신이 처한 현재의 입장에서 서로가 자기를 이해하지 못한다고 불평하고 있는 것이다.

둘째는 손해 보기 싫어하는 이기주의적인 생각이다.

내가 상대방에게 그만큼 잘해준다고 하더라도 상대방이 나에게 내가 베푼 만큼의 친절을 베풀지 않을 것이라는 생각으로 인해 손해 보기 싫어하는 심리가 작용하여 형식적인 인간관계에 그치고 마는 것이 우리 직장에서의 인간관계의 현실이다. 바보가 아닌 이상 상대방에게 베푼 만큼 나에게 반대급부적인 보상이 뒤따를 것을 기대하기 마련이다. 그래서 상대방이 나에게 해주는 만큼 나도 상대방에게 베풀겠다는 이기적인 심리가 작용하는 것이다.

셋째는 직장에서의 인간관계는 언젠가 헤어질 사람들이기에 가족과 다르다는 생각이다. 가족중심적인 사고방식이 나쁘다는 것은 아니지만, 직장생활에서의 인간관계는 어차피 직장을 그만두면 남남이기 때문에 인간관계의 개선을 위해 내가 희생할 필요가 없다는 생각을 가지고 있는 것이다. 가족은 영원히 지속되는 관계이지만 업무적으로 만난 관계는 언젠가는 끊어질 가벼운 관계라고 생각하기 때문이다.

이러한 사고방식으로 인해 사회생활을 하는 많은 사람들이 오늘도 인간관계에 의한 스트레스를 받고 있다.

2) 직장은 제2의 가정이다

생각을 바꾸면 인생이 바뀔 수 있다. 사회생활에 있어서 인간관계로 인한 스트레스도 마찬가지다. 직장에서 함께 일하는 동료들이 언젠가는 헤어질 사람이 아니라, 평생토록 관계를 유지해야 할 사람으로 바라보는 것이 바로 그것이다.

평생토록 관계를 유지해 나갈 것 같은 가족도 따지고 보면 언젠가는 이별을 한다. 생이 갈라놓는 마지막 방법에 의해서가 아니더라도 자녀가 출가를 하면 함께 생활하던 상황에서 이별을 하는 것이며, 가족이라는 관계에는 변함이 없지만 1년에 몇 번밖에 볼 수가 없는 상황으로 바뀌고 마는 것이다.

자식들은 자신들이 책임져야 할 새로운 가족의 울타리에 소속됨으로 인해, 과거의 상황으로는 돌아갈 수가 없다. 하지만 사람들은 여전히 착각을 하면서 살고 있다. 가족은 영원한 것이며, 직장에서의 인간관계는 일시적인 것이라고 생각하는 것이다. 평생을 한 직장에서 근무하는 확률이 높은 지방행정 공무원들의 경우를 보면, 일생 동안 오히려 가족과 보내는 시간보다 직장의 동료들과 보내는 시간이 많음에도 불구하고 이러한 생각은 바뀌지 않고 있다.

가족은 가족이라는 이름 하나로 실수도 너그러이 용서하고 이해하지만, 직장에서의 동료나 부하직원들의 실수에 대해서는 업무상의 관계이기 때문에 모질게 대한다. 공직을 은퇴한 사람들의 대표적인 특징 중의 하나가 이전의 직장동료들을 잘 만나려고 하지 않는다는 사실이다. 은퇴한 본인뿐만 아니라 직장에 남아 있는 후배들도 은퇴한 사람을 잘 찾지 않으려 한다는 사실은 무엇을 말해주는가? 함께 공직생활을 했던 시간에는 직급때문에 어쩔 수 없이 모셨지만, 인간적으로 깊은 정은 나누지 못했다는 사실의 반증이 아닌가?

사정이 이러하다 보니 퇴직한 뒤, 그 당사자는 말할 수 없는 박탈감을 느끼며 인생의 허무함을 절감하는 경우가 많다. 청춘을 다 바친 자신의 일터에 다시 발길을 할 수 없다는 사실과, 그동안 관계를 유지해 왔던 사람들과 하루아침에 아무런 관계도 없다는 생각에 자신의 존재가치를 잃어버리는 경우가 많은 것이다.

불행한 일은 또 있다. 그토록 소중하게 생각했던 가정으로 돌아와 보니 정작 남아 있는 사람은 자신의 배우자밖에 없으며, 그 배우자 또한 그동안 유지해 온 자신만의 취미생활로 인해 같이 시간을 보내기가 그리 쉽지만은 않다는 사실이다. 이러한 상황의 변화에 당황해하며 새로운 일을 모색해보지만, 주체적으로 사업을 해본 적이 없으며 한 분야의 전문가도 되어 있지 못한 상황에서 벌이는 일은 실패를 경험하기 마련이다.

이러한 불행을 예방하고 직장생활을 즐겁게 하기 위해서라도 지금부터는 발상의 전환이 필요하다. 여러분의 직장동료나 부하직원 혹은 상사는 사회적인 인간관계에 의해 맺어졌지만, 일시적인 관계가 아니라는 생각부터 가지는 것이 중요하다. 그들을 인생에 있어 매우 중요한 평생의 반려자이며 동지라고 생각해보자.

나만 그렇게 생각하면 무슨 소용이 있느냐고 물을 수도 있다. 나는 그렇게 생각하고 대해도 상대방은 여전히 사무적인 관계로 나를 인식하고 행동한다면, 나만 손해가 되지 않겠느냐 하는 두 번째의 손해 보기 싫어하는 이기적인 생각이 들 수도 있다. 하지만 여러분이 그렇게 생각하고 행동한다고 해서 결코 손해 보는 것이 아님을 명심하라. 그러면 우선 자신의 마음이 편해진다. 그리고 상대를 따뜻하게 바라봄으로써 쓸데없는 오해가 줄어든다. 궁극적으로는 상대에 대한 측은지심(惻隱之心)까지 생겨나서 상대에 대한 배려가 늘어난다.

가족을 대하는 마음으로 상대를 배려하라고 해서, 나는 가족을 엄하게 대하기 때문에 직장에서도 그렇게 대한다는 이야기는 하지 말자. 원만한 가정, 행복한 가정의 제일 조건은 상대방에 대한 배려이며, 역지사지(易地

思之)의 생각인 것이다.

직장에서의 인간관계에서도 이러한 생각으로 사람을 대해보라. 부단히 상대방을 이해하려고 노력하며, 배려를 몸으로 보여주자. 이렇게 실천해 간다면, 여러분은 선배처럼 불행한 말년을 맞지는 않을 것이다. 퇴직한 이후에도 후배들이 찾아오는 선배의 모습으로 자리매김할 것이다.

아침에 출근을 준비하면서 또 다른 가족을 만나러 간다는 애정 어린 생각을 가지자. 부하직원들이 성장하는 모습을 자녀가 성장하는 모습을 보듯이 흐뭇해하고 기뻐하라. 상사에 대해서도 내가 그 사람을 어떻게 하면 더 도와줄 수 있을 것인지를 생각하라.

어차피 우리는 완벽한 존재가 아니다. 서로의 단점을 보완해가며 인생을 살아야 하는 사람들인 것이다. 완벽하지 못한 것을 완벽하지 못하다고 비난하지 말고, 서로를 어떻게 보듬을 수 있을 것인가를 생각하라. 그것이 직장생활의 스트레스를 줄이는 첫 번째 조건이다.

❷ 나의 일은 가치가 있다

여러분은 아침의 출근시간이 기다려지는가?

아침에 잠자리에서 눈을 뜨면, '오늘은 또 어떤 재미있는 일이 나를 기다리고 있을 것인가' 라는 기대에 부풀어, 어서 빨리 출근하고 싶어지는가? 옆자리에서 일하는 동료와 아침에 얼굴을 마주치면, 무슨 인사로 그 사람의 기분을 즐겁게 해줄 것인가 하는 생각을 하며 출근길에 오르는가? 여러분의 자리에 앉으면 어제 하던 업무를 생각하며, 당신이 수행한 그 일의 결과로 어떤 사람이 행복해할지를 상상해보는가?

아니면 어제 마신 술로 아침부터 머리가 지끈거리고 잠자리에서 일어나기가 정말 싫지만, 그래도 의무감에 마지못해 일어나서 아침은 먹는 둥 마는 둥 대충 쓰린 속을 달래며 집을 나서는가? 출근을 하면서 오늘도 보기싫은 얼굴과 같은 공간에서 하루 종일 부딪쳐야 한다는 생각에 저절로 인상이 찌푸려지는가? 멍한 머리를 부여잡고 책상에 앉아 어제 부여받은업무를 생각하니, 내가 왜 이 업무를 맡았는지 후회가 되어 옆자리에 앉은동료가 얄밉게 보이지는 않는가?

위의 두 가지 상황에서 여러분이 지금 처한 상황은 어느쪽인가? 아니면두 가지의 상황에 대해 모두 해당사항이 없고, 그저 그렇게 출근길에 오르고 있는가? 불행하게도 출근시간이 기다려진다고 대답하는 직장인은 많지가 않다. 여러분이 후자의 상황이거나 아무 생각 없이 그저 의무감으로출근을 하고 있더라도 실망할 필요는 없다. 대부분의 사람이 그러하다. 하지만 그러한 상황이 결코 바람직한 모습은 아니며, 자신이 수행하고 있는업무의 내용과 가치에 대해 만족하고 있지 못하다는 것은 분명하다.

사람은 제각기 삶의 목적이 다르다. 그에 따라 가지고 있는 꿈도 다르며가치기준도 다르다. 그러나 공통으로 원하는 모습 중 하나는 행복하게 살고 싶다는 것이다. 이 세상에서 자신의 삶을 불행하게 살고자 하는 사람은세상 어디에도 없다.

그렇다면 어떻게 사는 것이 행복한 삶인가? 집안의 가장으로서, 한 사람의 배우자로서, 자녀의 아버지나 어머니로서, 직장에서는 조직의 일원으로서 어떻게 살아가는 것이 행복한 인생인가? 현대인들은 인생을 살아가는 데 있어 목적을 잃어버리고 살아가는 경우가 많다. 누구나 행복한 인생을 살기를 원하지만, 정작 중요한 인생의 근본 목적인 행복한 인생에 대해서는 구체적인 실천의 방법들을 가지고 있지 못한 것이다. 오히려 행복한 인생을 실현케 할 수 있는 도구의 획득을 목적으로 살고 있는 경우가 대부분이다. 그래서 진정으로 행복한 인생이 무엇인지를 잊어버리고 사는 경우가 많다.

행복한 인생을 가능하게 하는 도구는 사람의 성향에 따라 다양하다. 행복한 인생의 수단은 돈이 될 수도 있고, 명예가 될 수도 있으며, 높은 지위가 될 수도 있다. 하지만 이는 모두 수단이다. 돈이 많다고 해서 인생이 반드시 행복한 것은 아니며, 지위나 명성이 높다고 해서 행복한 인생을 살고 있다고 이야기할 수는 없다.

불가(佛家)에서 경계하는 세 가지 욕심이 바로 물욕(物慾), 명예욕(名譽慾), 색욕(色慾)의 세 가지가 아닌가?

같은 부서의 동료가 이번에 차를 새로 바꿨다고 해서 부러워하며, 나는 왜 그런 경제적인 여유를 가지지 못하였는가 자책할 필요도 없다. 같이 입사한 동기가 이번 승진인사에서 나를 제치고 승진하였다고 해서, '나는 왜 이렇게 운이 없는 것일까' 라고 괴로워할 필요도 없다. 당신을 제치고 승진한 사람이나 새로운 차를 구입한 사람이 여러분보다 행복하다는 보장은 없다. 단지 물질적인 부분이나 지위에 있어서 우선 손에 넣고 싶은 것을 조금 빨리 넣었을 뿐이다. 그러한 수단의 충족은 정작 그것을 충족한 사람에게 있어서도, 만족감을 안겨주는 시간이 그리 오래 지속되지 못함을 여러분도 잘 알고 있을 것이다.

정작 중요한 것은 내가 항상 무엇에 가치를 두고 살아가고 있느냐 하는 것이다. 또한 내가 중시하는 가치를 실현하기 위해 나는 어떠한 노력을 기울이고 있느냐 하는 것이 중요한 것이다. 한평생을 우리의 눈을 현혹하는 것들에 얽매어 살 수는 없다. 그러한 것들에 얽매어 사는 인생이, 과연 인생을 보람 있게 살았다고 이야기할 수 있는가를 생각해 보면 그 해답은 자명하다. 그럼에도 불구하고 우리는 쓸데없는 걱정을 만들어서 하고 있으며, 중요하지 않은 일에 생각을 낭비하고 있다.

지금부터라도 내가 중시하는 내 인생의 가치를 만들어보자. 나는 왜 인생을 살고 있으며, 무엇을 추구하기 위해 살고 있는가를 생각해보자. 그러한 의미에서 내가 소속되어 있는 직장은 누구를 행복하게 만들기 위해 어떠한 가치를 구현하고 있으며, 그에 대한 가치의 구현을 위해 나는 무슨 역할을 맡고 있는가를 생각해보자.

그것이 여러분의 인생에서 가장 중요한 가치이다.

좋은 차를 타는 것도 아니며, 승진을 빨리 하는 것도 아니다. 나를 보여주기 위한 외형적인 것들은 단지 피상적인 나의 모습일 뿐이다. 내가 무엇을 위해 오늘의 시간을 살고 있는지를 생각하고, 여러분의 직장과 일에서 가치를 발견하라. 여러분이 원하는 뚜렷한 가치를 발견했으면, 그 가치의 실현을 위해 매진하라.

원하지도 않으며 가치도 찾을 수 없는 일에 단지 월급을 받기 위해 하루하루를 출근하고 있다면, 새로운 가치의 발견을 위해 모험을 해야 한다. 인생은 한 번 밖에 삶의 기회가 없다. 이토록 소중한 시간을 아직도 무의미하다고 생각되는 일에 단지 생계를 위하여, 자신의 감정을 죽이며 보내기에는 우리의 인생이 너무 짧다.

여러분이 일하고 있는 직장이 다수의 행복을 위해 일하는 목적으로 설립된 조직이라면, 일단 그 기관에 종사하는 여러분은 행운아이다. 가치 있는 일을 발견할 공산이 훨씬 크기 때문이다. 21세기는 가치를 창출하는 조직이 발전할 수 있다. 기업도 그러하며, 공공기관도 마찬가지다. 사회가 고도화될수록 사람들은 자신이 추구하는 가치를 명확히 하고 자신의 인생이 가치지향적인 인생이기를 바란다.

동일한 가치에 의해 뭉쳐진 조직은 강력한 힘을 발휘할 수 있다. 공통의 가치실현을 위해 조직구성원들이 스스로 동지의식을 강하게 느낄 수 있기 때문이다. 이러한 동지의식은 자아실현을 위한 협동정신을 만들고 업무의 처리에 있어서도 서로에게 동기부여를 시킬 수 있는 조직력을 발휘한다.

내가 추구하고자 하는 가치가 명확하게 그려지지 않는다면, 여러분이 현재 하고 있는 일의 가치를 생각해보자. 내가 맡고 있는 일의 고객은 누구이며, 그 고객들의 어떠한 가치를 충족시켜주기 위한 일을 내가 하고 있는지를 알아야 한다. 자신이 하고 있는 일의 가치를 알고 하는 사람과 그렇지 않은 사람의 차이는 크다. 자신이 하는 일의 가치를 모르는 사람은 일의 중심이 없다. 그저 위에서 시키는 대로 할 뿐이다. 그러다 보니 일의 순서도 정해진 것이 없이 상사가 시키는 일을 우선으로 처리한다. 이러한 습관을 가진 사람은 아무리 훌륭한 일을 맡겨도 깊이 있게 접근하지 못한다. 그저 상사의 구미에 맞도록 일하는 것을 최상의 목표로 삼고 있을 뿐이다. 일의 처리 목적이 상사의 구미에 맞도록 처리하는 것이다 보니 자연히 자신의 일에 대해 긍지를 가지기가 어렵다.

하지만 가치지향적인 사람은 일하는 태도가 다르다. 늘 일의 결과 모습을 먼저 그리고 일을 시작한다. 그래서 자신이 그 일을 완성하였을 경우에 어떠한 고객이 어떠한 혜택을 받게 되며, 그로 인해 그 고객이 행복해하는 모습을 그리며 일을 하는 것이다. 고객이 구체적으로 정해져 있지 않은 내부의 과정상의 일을 할 때에도 마찬가지다. 자신의 일의 결과가 무엇을 목적으로 하는 것인지를 분명히 설정하고 일을 시작하는 것이 습관화되어 있어서, 업무의 우선순위가 무엇인지 분명히 알고 있는 것이다. 조직은 이러한 가치지향적인 사람을 필요로 한다.

가치지향적인 태도는 조직을 위해서뿐만이 아니라 스스로를 위해서도 인생의 보람을 느끼게 한다. 자신뿐만 아니라 자신의 동료들에 대해서도 그들을 경쟁자로 인식하는 것이 아니라, 공동의 가치를 향해가는 동반자의 관계로 인식하기 때문에 기꺼이 협력할 준비가 되어 있는 것이다.

여러분이 아침 출근시간이 힘들고 짜증난다면, 자신과 함께 일하는 동료 혹은 근무여건이나 업무의 성격을 탓하기 이전에, 내가 하고 있는 일의 가치와 자신의 가치를 발견하는 것을 우선으로 하기 바란다. 스스로에게 만족한 인생이 정말로 보람 있는 인생이다. 그러기 위해서는 우선 자신의 가치를 분명히 하라. 자신의 가치를 분명히 하고 업무의 가치를 느끼기 시작할 때 여러분의 동료나 상사 그리고 후배들은 이전과는 다른 모습으로 여러분에게 비추어질 것이다.

인생에 있어서 가정보다도 더 많은 시간을 보내는 직장에서 보다 즐겁게 생활하기 위해서라도 가치지향적인 인생을 영위하기 바란다. 직장인이 아니라 자신의 일에서 가치를 추구하는 직업인이 되자.

❸ 승진에 연연하지 마라

해마다 인사철이 되면 공직사회는 뒤숭숭하다. 민선이 실시되고 난 후 이러한 현상은 더욱 심화되었다고 할 수 있다. 온갖 억측이 난무하며, 그야말로 유언비어가 전체 공직사회에 떠도는 일도 있다.

과거에 비해 진급을 둘러싼 비리는 많이 줄어들었다고 하지만, 아직도 일부자치단체에서는 금품이 오가는 사태로 인해, 이것이 언론에 오르내리기까지 하는 경우도 있다. 공직자들이 진급을 지상과제로 삼는 이유가 무엇인가?

퇴직 이후에 주사보보다는 계장으로 기억되고 싶어서? 혹은 비고시(非考試) 출신 공직자의 꽃인 사무관을 달아야 공직생활이 후회 없을 것 같아서? 아니면 퇴직 후 조금이라도 연금을 더 받기 위하여? 그도 저도 아니면 조금이라도 편하게 지시하면서 공직생활을 하고 싶어서? 아니면 후손들이 제사지낼 때 현고학생부군신위(顯考學生府君神位)라고 쓰는 것이 싫어서?

이러한 모든 사유가 승진을 하고자 하는 이유가 될 수 있다. 하지만 생각해보자. 이러한 사유가 승진의 근본 취지와 무슨 상관이 있는가? 승진은 조직의 입장에서 보면 그동안 업무추진을 탁월하게 수행하여 업적을 이룩한 사람들에게 보다 큰 임무를 맡기고자 시키는 것이 아닌가? 따라서 승진을 하게 되면 그만큼 책임도 무거워지고 해야 할 일도 많아지는 것이 당연한 것이다.

하지만 공공기관의 실상을 살펴보면 그렇지 않은 경우도 보인다. 무슨 이야기인가 하면 자리에 걸맞은 역할을 수행하는 사람이 그렇게 많지 않다는 것이다. 지방자치단체를 컨설팅하다 보면 이런 이야기를 종종 듣는데, 특히 하위직급에서 상사에 대한 불만이 터져 나오는 경우가 많다.

"우리 과장님은 '은·는·이' 과장님이다"라는 것이다. 「은·는·이 과장」이 무슨 이야기인가? 결재서류를 들고 가면 맞춤법에 조사가 틀렸는지 맞았는지 그것만 보고 있다는 것이다. 그냥 웃고 넘어 가기에는 너무 비참하지 않은가?

부서의 업무전체를 관장하면서 부서의 운영방향이나 비전을 설정하고, 그에 맞도록 직원들의 능력을 이끌어내 서로를 조율하면서 지휘해나가고, 때로는 업무를 코치하는 능력을 갖추어야 하는 것이 간부인 것이다. 그런데 「은·는·이 과장」이라니……, 이는 중대장이 전투에서 고지를 어떻게 점령하고 적군을 어떻게 무찌를 것인가를 구상하여 지시하는 것이 아니라, 전투에서 병사의 복장불량을 지적하는 것이 자신의 일이라고 여기고 있는 것과 마찬가지다.

시간이 흐르고 큰 과오를 범하지 않으면 자동으로 이루어지는 것이 승진이라고 생각하여, 조직의 인사위원회에 참석하는 간부에게 잘 보이거나 또는 조직의 장에게 잘 보여서 이루어지는 것이 승진이라는 개념을 버려야 한다. 물론 현재의 인사고과시스템이 정확하게 능력에 대한 평가를 할 수 있는 것이 아니라는 것은 공직자라면 누구나 인식하고 있다. 객관적이고 합리적인 평가가 이루어질 수 없기에 더더욱 상사를 잘 만나야 한다고 누구나 이야기한다.

공직사회의 특성상 공무원이 승진에 목매는 이유는 정년이 보장되어 있기 때문이기도 하다. 민간기업의 경우, 정년이 명시되어 있더라도 경기의 흐름이나 회사의 사정에 의해 정년을 채우고 퇴직하는 경우가 드물다. 오히려 승진을 일찍 한다는 것은 그만큼 회사를 일찍 그만두어야 한다는 것을 의미하기도 하기 때문에, 승진을 너무 일찍 하는 것을 기피하는 현상도 일부 존재한다.

하지만 공직은 사정이 다르다. 정년이 보장되어 있고 재임기간 중에 특별한 과오가 없는 한, 조직에서 퇴출당할 위험이 없기 때문에 있는 기간 동안에는 보다 높은 자리에 대한 욕구가 강하다. 사정이 이렇다 보니 고과 점수관리를 위해 대부분의 공직자들이 총력을 기울인다. 이웃에 부끄럽지 않은 남편이나 아내, 자랑스러운 아빠, 엄마가 되기 위해 총력을 기울이는 것이다.

하지만 현실을 들여다보면 어떠한가? 인사결과 발표 후에는 이번에는 어느 고등학교 출신이 누구의 힘으로 승진이 되었다느니, 저번 선거에서 암암리에 선거를 도와준 누가 누구를 밀어내고 승진이 되었다느니, 지방의원 누구의 요청이나, 높으신 양반 누구의 청탁으로 누가 특별 케이스로 승진이 되었다느니 하는 이야기가 빈번하게 들리지는 않는가? 물론 승진 인사 후, 잡음이 전혀 나지 않는 조직은 드물다. 하지만 결과 발표 후, 너무 많은 잡음이 들리는 것은 문제가 있다. 그것은 그 조직의 문화가 그만큼 부정적인 사고로 형성되어 있다는 것을 의미한다.

이러한 조직의 문화는 평소 업무의 추진에 있어서도 그대로 영향을 미쳐 '좋은 것이 좋은 것이다' 하는 대충주의와 '되는 것도 없고 안 되는 것도 없다' 라는 적당주의가 판을 치는 조직문화를 형성하고 있는 경우가 많다. 이러한 조직문화를 바꾸기 위해서는 노력이 필요하며 또한 용기가 필요하다.

인사에 있어서 시간이 되었고 무난하니까 승진이 된다는 식의 평정은 이제는 바뀌어야 한다. 정말 열심히 일한 사람, 조직의 발전을 위해 고민을 많이 한 사람, 편법을 동원하지 않고 묵묵히 일하는 사람. 이러한 사람들이 승진을 해야 올바른 조직문화가 형성된다.

「은·는·이 과장」으로 부하직원들에게 지탄받는 과장이 무슨 역할을 수행할 수 있겠는가? 시간이 가기만을 기다릴 뿐이다. 정년이 될 때까지 별다른 고민 없이, 사고가 터지지 않고 무사히 넘어가길 바랄 뿐이다. 그러한 간부 밑에서 역동적인 조직을 기대하기는 무리다. 그래서 인사가 만사라는 이야기가 나온 것이다. 승진에 있어 줄을 잘 서서, 혹은 누구에게 청탁을 해서, 혹은 업무능력은 떨어져도 시간이 되어서 승진한 사람들이 늘어날수록 그 조직은 침체되어 간다. 승진을 바라는 다른 사람들도 그들의 행태를 똑같이 반복하기 때문이다. 업무에 정통한 사람, 부하 직원에게 동기부여를 할 줄 아는 사람, 우리 조직이 가야 할 방향에 대해 많이 고민하는 사람, 자기계발에 열심인 사람, 이런 사람들이 능력을 인정받는 승진 문화를 만들어야 한다.

그래서 모든 조직구성원들이 한눈팔지 않고 열심히 노력하여 자기 업무에 전문가가 되면, 누구나 승진의 기회가 보장된다는 인식이 조직 전체에 공유되어야 한다. 그래서 누구나 일하는 재미를 느낄 수 있는 조직문화를 만들어야 한다. 승진을 목표로 하기보다는 업무를 열심히 해서 성과를 내고 자신의 업무 속에서 재미를 느낄 수 있도록 하는 것이 목표가 되어야 한다.

조직 차원에서 보면 이러한 승진에 대한 기준을 확립하기 위해 노력해야 하지만, 조직에 소속되어 있는 개인의 차원에서도 가져야 할 사고방식이 있다.

우리나라 사람들은 오랜 역사적인 배경과 유교문화적인 정신가치의 특성으로 인해 유난히도 공동체적인 사고방식이 강하다. 공동체적인 사고방식은 국가의 발전이나 지역의 발전이나 조직의 발전을 위해서 엄청난 효과를 발휘하기도 하지만 역기능적인 측면도 가지고 있다. 서양의 개인주의적인 사고방식이 '나는 나이고 너는 너이다' 라는 사고관이라면 동양은 특히 우리나라는 '우리' 의 개념이 강한 민족이다. 심지어는 자신의 집사람을 남에게 소개할 때도 '우리 마누라' 라고 칭하지 않는가. '우리 집', '우리 회사', '우리 동네' 등 우리를 강조하는 사고방식의 표현이 발달되어 있다. 그러다 보니 공동의 행동기준이나 가치에서 벗어나는 사람을 보면, 그냥 넘어가지를 않는 것도 사실이다. 이는 우리나라 사람들이 뭉치면 엄청난 잠재력을 발휘한다는 긍정적인 효과를 나타내기도 하지만, 너와 내가 하나이기에 평등주의적인 사고방식의 팽배로 나보다 앞서 가는 것에 대해서는 용납하지 않으려는 성향도 동시에 가지고 있다. 그래서 유독 입사동기라든지, 대학동기 심지어는 나이가 같은 경우에라도 나보다 앞서 가는 것에 대해서는 시기심을 가지는 경우가 많다.

특히, 공직사회에 있어 승진이 가지는 의미는 이러한 관점에서 굉장히 크다고 할 수 있다. 승진을 자신의 업무능력에 대한 인정이라기보다, 남보다 뒤처지지 않게 승진하는 것이 자신의 체면과 관련되어 있다고 생각하는 것이다. 더구나 지역사회에서 같이 생활해 온 구성원의 하나로서 늘 비교의 대상이 되는 처지를 감안하면, 그러한 생각은 더욱 강하게 나타난다. 그래서 같은 동기들 중에서 누가 앞서서 승진을 하면, 그것이 마치 자신이 능력이 없다고 비쳐져 체면에 손상을 입었다고 생각하는 것이다.

하지만 앞으로의 인사시스템은 분명히 바뀌어 나갈 것이다. 영원불변의 시스템은 존재하지 않는다. 공직사회에서 유지되어 온 그간의 인사시스템은 분명히 많은 문제점을 안고 있다. 그래서 다각적인 방향에서 새로운 시도들이 이루어지고 있지 않은가?

능력이 없어도 승진이 되었던 사람들이 안심하고 있을 수가 없는 시스템이 점차 확산되어 갈 것이다. 연공서열에 의한 승진방식은 점차로 퇴출되어 나갈 것이다. 이는 성과를 보여 줄 필요가 없이 지침이나 법령에서 정한 대로의 업무를 수행만 하던 시대에나 가능했던 인사시스템이다.

이제 행정은 그간의 재건행정, 지도행정, 봉사행정, 경영행정의 시대에서 성과행정의 시대로 이미 접어들었다. 성과행정이 무엇인가? 행정도 이제 고객의 요구와 지역의 발전을 위해, 성과를 보여주어야 하는 시대에 접어들었다는 것이다.

승진인사에 대한 발표 후, 불평불만을 이야기하기보다는 스스로의 업무에 최선을 다해 임하라. 앞서 이야기한 자신의 업무 가치를 창출하기 위해 최선의 노력을 다하고 그것의 실천을 위해 고민하기 바란다. 그렇게 노력하는 사람은 자신의 업무가 즐거워진다. 일에서 즐거움을 느끼는 사람을 당해낼 자는 없다. 즐겁게 일하는 사람은 에너지가 샘솟는다. 자신의 업무를 통해 자아를 실현할 수 있는 사람은 어디에서든지, 언젠가는 빛을 발하기 마련이다.

눈앞의 평가에 연연하지 말고 미래를 내다보고 일을 하기 바란다. 언젠가는 여러분의 능력을 인정받을 수 있을 것이라는 기대를 버리지 말고 현재의 업무를 즐기기 바란다. 그리고 스스로에게 만족할 수 있을 정도의 수준으로 자신의 업무를 처리하라. 바로 여러분 스스로가 행복해지기 위해서…….

4 마음의 동지를 많이 만들어라

여러분은 진정으로 자신이 본받고 싶은 사람이 직장 내에 있는가? 그 사람을 마주하면 그냥 그 자체만으로도 기분이 좋아져서 내가 먼저 다가가고 싶은 그런 사람이 있는가? 비록 현재 소속은 다르지만, 언젠가는 그 사람과 같이 일해보고 싶은 그런 사람이 여러분의 동료나 선배, 후배 중에 있는가?

반대로 하루의 일과 중에 그 사람과 마주치면, 왠지 기분이 별로 좋지 않은 사람이 있는가? 나와 별다른 상관이 없고 나에게 해를 끼친 적도 없지만, 왠지 피하고 싶은 그런 사람이 있는가? 도대체 어떻게 우리 조직에 들어오게 되었는지, 그 자체가 의심스러운 그런 사람이 있는가?

조직생활을 하는 사람은 누구나 자신이 좋아하는 사람과 싫어하는 사람이 있기 마련이다. 자신이 직접 그 사람의 인격을 경험해보았든 남의 이야기를 통해 전해 들었든, 좋아하는 사람과 싫어하는 사람이 있다.

컨설팅을 하면서 인터뷰를 해보면, 정작 하위직급에서 자신들의 상사에 대해 이야기할 때 본받고 싶은 상사가 그리 많지 않다고 생각하고 있는 경우를 접하게 된다.

그나마 두세 명이라도 본받고 싶은 상사가 있다고 하는 경우는 양호한 편이다. 대개의 경우 없다고 대답하거나, 본받고 싶지 않은 상사의 유형을 이야기하는 경우가 더 많다. 그런데 부하직원들이 싫어한다고 대답하는 유형의 상사들과 인터뷰를 해보면, 정작 당사자는 그러한 사실을 전혀 깨닫고 있지 못하다는 것이 더 큰 문제이다. 자신은 자신의 지위에 맞게 업무를 성실히 잘 수행하고 있으며, 직원들과의 관계에 있어서도 아무런 문제가 없다고 생각하고 있는 것이다.

그들은 왜 자신이 환영받지 못하는 존재로 인식되고 있다는 사실조차 모르고 있으며, 자신의 결점을 고치려 노력하지 않는 것일까? 이러한 사람들의 가장 큰 문제점은 자신의 잘못을 솔직하게 진심으로 충고해주는 사람이 없다는 것이다. 사람들이 싫어하는 행동을 해도알려 주는 사람이 없어서, 정작 본인은 무슨 실수를 하고 있는지 모르고 있다. 이러한 유형의 사람들은 남들이 자신의 의견이나 행동에 대해 잘못을 지적해주지 않기 때문에, 자신의 생각이 다른 사람과 일치된다고 생각하고 있는 것이다.

또한, 남들이 자신을 어떻게 생각하고 있는지에 대해 별 관심이 없기 때문에 다른 사람의 반응을 감지하지 못하는 경우도 많다. 정작 다른 사람이 조소의 눈빛을 보내고 있음에도 불구하고, 그것이 조소의 눈빛인지조차 모르고 있다는 것이 더 큰 문제다. 이러한 사람은 독선적이며 자기과시욕이 심하다. 업무의 추진에 있어서도 공동의 노력을 기울여 추진하였다고 하기보다는, 온전히 자신의 능력으로 모든 것을 해결했다고 주장하는 경향이 강하다. 부하직원이 노력하여 추진한 업무에 대해서도 부하직원의 공은 폄하하고 자신의 공을 내세우는 경우가 많다.

그리고 자신은 능력이 뛰어나서 다른 사람들이 자신을 싫어하지 않는다고 생각한다. 혹은, 설사 남들이 자신의 의견에 반대하는 목소리를 내도 자신은 부화뇌동하지 않고   소신이 뚜렷한 소신파라고 생각하기 때문에 남의 이야기를 귀담아 들으려 하지 않는 경우가 많다.

여러분은 어떤 사람으로 인식되고 있다고 생각하는가? 후배들이나 동료들에게 본받고 싶은 선배나, 동료로서의 자세를 갖추고 있다고 생각하는가?

사람은 자신에게 불리한 것도 유리한 상황으로 해석하려고 하는 성향을 가지고 있다. 그래서 너무나 괴로웠던 기억에 대해서는, 자연스럽게 그 기억을 순화시켜 종국적으로는 희미하게 만들어버리고 만다. 이것은 인간의 자연스러운 방어기제인 것이다. 하지만 사사건건 방어기제를 작동시킬 수는 없다. 스스로 반성하고 발전을 위한 노력을 기울여야 한다. 그러기 위해서는 자신의 단점과 장점을 솔직하게 이야기해 줄 수 있는 동지가 필요하다.

가정에서의 생활도 마찬가지다. 부부간의 관계에 있어 자신의 장점과 단점을 가장 정확하게 잘 알고 있는 사람은 바로 자신의 배우자이다. 그러한 배우자에 대해 자신을 낮추어 상대방의 의견에 귀 기울이면 가정생활은 원만해진다. 사랑만으로 한평생을 살아갈 수는 없다. 열정적이었던 젊은 시절이 지나가고 생활에 쫓겨 살다 보면 살가웠던 부부관계도 무덤덤한 관계로 변해간다. 배우자를 사랑하는 사람이 아니라 같이 사는 사람으로 인식하게 되는 것이다.

함께 잠자고, 함께 밥 먹고, 같은 공간에서 생활하면서도 주소지가 같은 나 아닌 다른 사람으로 배우자나 가족을 인식하기 시작하면, 부부관계는 의무적인 관계가 된다. 영혼을 터놓고 서로를 바라보는 사이가 아니라 피상적으로 서로 다른 육체가 한 지붕 아래 모여 사는 관계로 변하는 것이다. 그래서 영혼이 충만한 부부관계를 위해서는 서로의 심정을 이해하고자 하는 노력이 필요하며, 서로의 단점도 보듬어줄 수 있는 마음자세가 필요하다.

서로가 서로의 배우자를 존경한다고 이야기하는 부부를 만나본 적이 있는가? 부부관계는 궁극적으로 서로 다른 인격체가 만나 화음을 조율해 가는 것이기 때문에 인격적인 존중이 우선되어야 한다. 서로가 서로의 동지 역할을 할 수 있어야 진정한 영혼의 결합이 이루어지는 것이다.

가장은 경제적인 활동을 책임지는 한편, 모든 면에서 가족을 이끌어 가야만 하는 정신적인 지주가 되어야 하는 것은 아니다. 가족은 우월관계의 종속에서 비롯된 관계의 형성이 아니다. 신과 같은 존재로 가족을 이끌어야 하는 것이 현대 가정에서의 가장의 역할은 아닌 것이다. 가장 또한 때로는 나약하고, 때로는 힘들어하고, 때로는 아파하기도 하는 똑같은 가족의 일원으로서, 함께 어려움을 헤쳐 나가는 동지인 것이다.

어려운 경제여건으로 인해 회사를 실직하고, 자신의 배우자에게 그 사실조차 털어놓지 못하는 현상은 왜 생겨났는가? 자신의 역할은 가정에서 경제적인 책임과 더불어 가정을 책임지는 것이 가장 큰 임무라고 생각하고 있기 때문이며, 그 역할이 끝나버렸을 때 자신의 존재가치는 상실된다고 생각하기 때문이다. 이는 가부장적인 사고방식을 가진 사람들에게서 특히 심하게 나타난다. 젊어서부터 작은 일이라도 자신의 배우자와 상의하는 것이 몸에 배어 있는 사람은 이런 태도를 보이지 않는다. 평소에도 자신의 동지인 배우자와 자신의 일상이나 자신의 가치관, 직장생활 등에 대해 꾸준히 교감을 하였기 때문에, 중요한 일이 닥치면 제일 먼저 자신의 배우자와 상의를 하여 문제를 공동으로 해결하고자 노력하는 것이다.

자녀의 성장을 돕는 데 있어서도 마찬가지다. 자녀를 대할 때 하나의 인격체로 생각하고 대하는 것과 그렇지 않은 경우에는 커다란 차이가 있다. 자녀가 스스로 올바른 성장을 할 수 있도록 도와주는 것이 부모의 역할이지, 자녀의 생각과 행동을 통제하여 부모의 생각대로 성장하도록 양육하는 것이 부모의 역할은 아닌 것이다.

가정에서도 이렇듯 상호간의 역할을 어떻게 인식하느냐의 차이는 크다. 여러분은 여러분의 가족을 동지로 생각하고 있는가? 그렇지 않다면 지금부터라도 여러분의 가족을 동지로 인식하고 노력을 기울이기 바란다. 인생을 살아가는 데에 있어 동지가 없는 인생은 외롭다.

인생의 반 이상을 함께 보내는 직장에 있어서도 마찬가지다. 동지가 없는 직장생활은 외롭다. 자신의 지위에 맞는 역할을 해야 한다는 중압감에 의해, 자신의 어려움을 호소하는 것이 무능력의 상징이라고 생각하는 것이 더 많은 문제점들을 일으킨다. 행복한 직장생활을 위해 직장에서의 동료들을 제2의 가족으로 생각하고, 직장동료들을 동지로 인식하라. 그러기 위해서는 여러분이 스스로 동지가 되고자 하는 자세가 되어 있어야 한다.

자신의 생각과 입장을 강요하는 것이 아니라, 직장동료나 후배의 생각을 먼저 들어주려는 자세가 되어 있어야 한다. 마음을 열고 그들의 아픔과 고민을 진심으로 함께 하고자 하는 자세가 필요한 것이다. 옆자리에서 같이 일하는 직원을 하나의 업무를 맡고 있는 직원이 아니라, 당신의 가치실현을 위해 평생 동안 함께 협력해야 할 동지로 인식하는 것이 중요하다.

이러한 인식이 기본이 되어야 비로소 행복한 직장생활의 밑거름이 형성되는 것이다. 보다 높은 성과의 달성도, 보다 나은 서비스의 제공도, 보다 어려운 업무의 추진도 이러한 동지의식이 바탕이 되어야 그저 시늉만 내는 것으로 그치지 않는다.

행복한 간부의 조건

망망대해에 홀로 있는 것 같은 느낌이 드는가?
지난 세월
정말 열심히 살아온 세월이 부질없게 느껴지는가?
자식도 장성하여 아버지의 이름이 가벼이 느껴지고
아내도 더 이상 나를 반기지 않을 때
허무함이 밀려오는가?

직장에서는 부하직원들이
나와 어울리는 것을 거북해하고
내가 모시는 상사는 더 많은 역할을 내게 요구하고
도무지 사는 것이 재미가 없지는 않은가?

여러분이 주위로부터 고립되어 간다고 느낄 때,
바로 그때가 여러분이 변화해야 할 시점이다.
남들은 나를 위해 바꾸어주지 않는다.
나의 인생을 위해, 나의 보람을 위해, 나의 사람들을 위해,
내가 바꾸어야 할 시점이다.

ACTION 1 ＼ 만나고 싶은 사람이 되라

사람마다 가지고 있는 이미지가 있다. 성실한 사람이라는 이미지, 성격이 좋은 사람이라는 이미지, 일을 잘하는 사람이라는 이미지, 남을 잘 배려할 줄 아는 사람이라는 이미지……. 사람마다 다양한 이미지를 가지고 있지만 이는 대부분 다른 사람에 대해 가지고 있는 자신의 생각이다. 여러분 스스로 다른 사람에게 자신이 어떠한 이미지로 생각되고 있는가를 깊이 있게 생각해본 적이 있는가?

공직에 근무하고 있는 사람일수록 이미지 관리가 중요하다. 지역주민들이나 관련기관의 사람들은 자신이 만난 공무원을 통해 그 사람이 소속된 공직사회 전체를 판단하기 때문이다.

이러한 측면에서 공직에 근무하는 사람으로서 상대방에게 다시 만나고 싶은 사람으로 기억되는 것은 매우 중요한 일이다. 공직에 근무하는 각자가 나름대로의 방법을 가지고 있겠지만 다시는 만나고 싶지 않은 사람이 되지 않기 위한 최소한의 사항들에 대해 생각해보자.

❶ 시간약속을 철저히 지키자

개인적인 약속이건 업무상의 약속이든 간에 약속시간을 철저하게 준수하는 사람이 있는가 하면, 늘 정해진 약속시간보다 늦게 나타나는 사람이 있다. 약속시간에 늘 일찍 나타나는 사람이 바쁘지 않아서 그렇게 일찍 약속장소에 나타나는 사람은 거의 없다. 오히려 늦게 나타나는 사람보다 인생을 훨씬 바쁘게 사는 사람들이 약속시간을 정확히 지킨다.

늘 약속장소에 늦게 나타나는 사람들이 늘어놓는 변명은 참으로 다양하지만 크게 세 가지 정도로 구분해 볼 수 있다. 그 세 가지의 변명에 대한 원인도 다음과 같이 생각해볼 수 있다.

1) 무계획적인 습관

약속시간에 늦는 사람들이 자주 하는 변명 중의 하나가 '갑자기 뜻하지 않은 급한 일이 생겨서' 이다. 약속시간에 맞추어 나오려고 하는데 상사가 찾았다든가, 아니면 현장에서 무슨 일이 발생하였다든가 하는 변명을 늘어놓는다. 하지만 이러한 변명을 듣는 상대방은 마음속으로 어떠한 생각을 하게 되는가? 정말 부득이한 사정이라고 이해를 하고 넘어가는 사람들도 있지만 한편으로는 정말 피치 못할 상황이었는지 의심하는 경우가 더 많다.

뜻하지 않은 급한 일이 생겼다는 것은 그만큼 그 사람이 자신의 업무를 추진함에 있어 계획적이지 못하다는 것을 의미한다. 일을 잘하는 사람은 업무의 계획을 세움에 있어 사전에 장애요소가 어떠한 것이 발생할지를 먼저 점검하는 것이 습관화되어 있다. 그래서 뜻하지 않은 일이 생기는 경우를 최소화하기 위한 조치를 취하면서 업무를 추진해나가는 것이 일상화되어 있다.

약속시간을 잘 지키는 사람들의 경우는 대부분 이러한 사전계획을 철저히 하여 업무를 처리하는 경우가 많다. 그러한 습관이 몸에 체질화되어 있다 보니 뜻하지 않게 급한 일이 생기는 경우가 적은 것이다. 그리고 상사의 호출이나 정말 갑작스런 상황이 발생하였을 경우에는 어떻게 해서든지 상대방에게 양해를 구하여 그 사람의 시간을 헛되이 낭비하지 않게 하려는 노력을 기울인다.

2) 전략적 사고의 부족

두 번째 변명은 '차가 막혀서'라는 것이다. 평소에 30분이면 충분히 도달할 수 있는 거리가 오늘은 유난히 교통이 혼잡해 1시간이 걸렸다는 식의 변명이 바로 그것이다. 하지만 이러한 변명도 자신의 무능을 드러내는 변명이 될 수밖에 없다. 늘 약속시간에 상대방보다 먼저 도착하겠다는 마음가짐을 가지고 있는 사람에게 있어서 교통수단은 시간을 지키기 위한 도구이기 때문에 시간을 가장 잘 지킬 수 있는 수단이 무엇인가를 검토하여 가장 효율성이 높은 수단을 선택한다. 더구나 요즘처럼 교통정보가 다양하게 시시각각으로 제공되는 시대에 이러한 변명은 결국 나는 늦게 출발하였다는 것을 시인하는 것이다.

또한, 교통사정의 핑계를 대는 것은 자신이 그만큼 전략적인 사고를 가지고 있지 못하다는 것을 드러내는 일이다. 전략적인 사고가 무엇인가? 여러 가지 요소가 하나의 목적을 달성하기 위해서는 결합되어야 한다는 시스템적인 사고에 근거하여, 목적을 달성하기 위해 논리적으로 사고하는 것이 전략적인 사고가 아닌가?

즉, 시스템적인 사고와 로직을 가진 사고방식이 결합되어 전략적인 사고방식이 몸에 배어 있는 사람은 약속시간에 늦지 않기 위해 다양한 대안을 놓고 검토하기 때문에 약속시간을 어기는 경우가 거의 없다.

하지만 약속시간을 지키지 못하는 대개의 사람들은 막연하게 생각하는 사고방식이 몸에 배어 있어 이렇게 하면 대충 약속시간에 맞출 수 있겠지 하는 안일한 생각을 가지고 있기 때문에 복병을 만나면 당황하게 되는 것이다.

3) 메모하지 않는 습관

약속시간을 지키지 못하는 세 번째 변명은 '약속시간을 잘못 알고 있어서' 라고 하는 것이다.

정해진 약속시간은 7시였는데 자신은 8시로 알고 있었다든지 하는 변명을 하는 사람이 있다. 하지만 이러한 변명이 제일 한심해 보일 수 있다는 것을 명심해야 한다. 그 이유는 약속시간을 잘못 알고 있었다는 사람은, 메모하는 습관을 가지고 있지 않은 사람이다. 처음 약속을 잡을 때에는 분명하게 기억을 하고 있었지만, 여러 가지 다른 일들과 얽히다 보니 약속시간이 정확하게 기억나지 않는 실수를 범하게 되는 것이다. 이것은 약속을 정하는 당시에 메모를 정확히 했다면 발생하지 않을 실수이다.

많은 사회인들은 자신의 수첩을 별도로 가지고 있다. 수첩에 업무의 진척사항을 메모하기도 하고, 중요한 약속을 메모하며, 가정에서의 기념일도 메모하여 관리하는 것이 일반적이다. 하지만 이렇게 보편화된 업무수첩도 활용하기 나름이다. 수첩을 가지고는 있으나 활용을 하지 않으면 그냥 하나의 짐이 될 뿐이다.

수첩이 인생을 바꾼다는 말도 있다. 이것은 수첩의 활용을 어떻게 하느냐에 달린 것이다. 수많은 종류의 기능성 수첩이 시중에 나와 있더라도 이것을 사용하는 사람이 얼마만큼 활용하느냐에 따라 수첩의 효용가치가 다르게 나타난다.

메모를 하는 사람과 하지 않는 사람의 차이는 아주 단순한 것처럼 보이지만 생활의 패턴에서 큰 차이를 낳는다. 나이가 들수록 사람의 기억력은 쇠퇴하기 마련이다. 쇠퇴하는 기억력을 탓할 것이 아니라 자신의 게으름을 탓해야 한다. 메모를 하지 않는 사람은 업무를 처리하는 데 있어서도 두서가 없는 경우가 많다. 무슨 일이 중요한지 모르기 때문에 늘 닥치는 대로 일을 한다. 그러다 보니 그러한 습관이 몸에 배어 시키는 일을 우선하여 처리하게 되고 모든 일이 다 중요한 것처럼 생각이 되어 마음은 늘 바쁜 것이다. 그래서 이러한 유형의 사람일수록 바쁘다는 소리를 입에 달고 사는 것이다.

앞에서 약속시간에 늦는 사람들의 변명거리 세 가지를 중심으로 그 이면을 들여다보았지만 여러분은 어떠한 유형의 사람인가? 약속시간 10분 전에는 항상 약속장소에 도착하는 것을 목표로 삼는 사람인가? 아니면 정시에 될 수 있는 한 맞추려고 노력하는 사람인가? 아니면 내가 조금 늦게 나타나도 아무 문제가 없기 때문에 늘 약속시간보다 조금 늦게 나타나는 사람인가?

여러분이 지금까지 어떠한 유형의 사람이었든지 간에 이제부터는 약속의 대상이 가족이든, 친구이든, 동료이든, 고객이든 항상 약속장소에 10분

전에 나가서 상대방을 기다리는 사람이 되자. 성공한 사람들의 공통적인 특징 중 하나가 약속시간을 정확하게 지키고자 노력했다는 것이다. 나의 시간이 소중하다면 상대방의 시간도 소중한 것이다.

약속시간에 늦음으로 인해 상대방이 느낄 심리적인 불안감이나 불쾌감을 이제는 더 이상 만들지 말자. 약속시간 이전에 미리 약속장소에서 기다리는 모습을 보여주어 신뢰할 수 있는 사람으로 각인될 수 있도록 노력하라.

❷ 기본 예의를 몸에 익혀라

관공서를 방문하여 사람을 만나다 보면 상대방의 예의 없는 행동으로 인해 눈살을 찌푸리는 경우를 종종 보게 된다.

예의 없는 행동의 대표적인 것들은 첫 번째가 복장이고, 두 번째가 행동이며, 세 번째가 말투이다.

1) 슬리퍼 차림의 정중한 손님맞이

첫 번째 복장예의에 관련된 것을 먼저 살펴보면, 기본적인 예의사항이 옷매무새와 관련된 것이 아니라 대체로 신발과 관련되어 있는 경우가 많다.

관공서의 특성상 사무실로 손님이 찾아오게 되는 경우, 근무하는 자리에서 손님을 맞이하게 되는 경우가 대부분이다. 따라서 근무하던 복장 그대로 손님을 응대하는 일이 많다. 이는 민간 기업처럼 별도로 손님을 응대할 수 있는 공간이 마련되어 있지 않기 때문에 더더욱 그러하다. 그런데 이렇게 찾아오는 손님을 만나는 경우, 내부에서 근무하고 있던 사람이 치명적인 실수를 저지르게 되는 경우가 간혹 있다. 이것이 바로 손님과의 대화 시에 무의식적으로 슬리퍼를 신고 응대하는 경우이다. 이는 자신이 슬리퍼를 신고 있다는 사실조차 인식하고 있지 못하는 데에서 발생하는 경우가 대부분이라고 할 수 있지만, 어쩌다 찾아온 손님이 그 사람의 발을 보고 슬리퍼를 신고 있음을 알게 되었을 경우에는 결례도 이만한 결례가 없는 것이다.

이는 마치 집으로 찾아온 손님을 응대할 때 속옷차림으로 손님을 맞이하는 것과 같은 것이다. 관공서는 그 특징상 에너지 효율을 준수해야 하는 입장에 있기 때문에 날씨가 조금 덥다고 느껴지는 봄이나 가을의 경우에도 냉방시설을 가동하지 않는 경우가 많다. 특히, 지은 지가 오래된 청사를 사용하고 있는 관공서의 경우에는, 이러한 날씨에 근무를 하자면 좁은 사무공간과 더불어 사람의 체온에서 뿜어져 나오는 열기로 인해 쾌적한 기분을 느낄 수 없는 것이 사실이다.

그러다 보니 사무실내에서는 대부분이 슬리퍼를 신고 업무를 보는 사람들이 많다. 즉, 책상 밑에는 대부분의 공직자가 슬리퍼를 하나씩 비치해놓고 밖으로 외출을 하기 이전에는 슬리퍼 차림으로 근무하는 경우가 많다. 그래서 손님이 사무실로 찾아오는 경우에도 이러한 슬리퍼 차림으로 맞이하게 되는 실수를 범하곤 한다.

비록 이런 실수를 저지르는 공직자가 많지 않다고 하더라도 조심해야 할 사항이다.

2) 명함은 상대방의 얼굴이다

두 번째로 사람을 기분 나쁘게 하는 실수는 무의식적인 공직자의 행동이다.

이러이러한 용건으로 만나고 싶다는 약속을 하고 찾아가서 공직자를 만나게 되면, 서로 초면인 경우에 명함을 주고받고 악수를 나누게 된다. 그런데 여기서 찾아간 사람이 비즈니스 예의에 대해 어느 정도 아는 사람인 경우 심기를 건드리는 일이 발생한다.

명함을 주는 예절은 많은 사람이 알고 있듯이 받는 사람이 읽기 편하도록 인쇄된 면을 보이게 하여 건네는 것이 예의이다. 여기까지는 잘 지켜졌다 하더라도 그 다음이 늘 문제이다. 아직도 많은 사람들이 명함이 상대방의 얼굴이라는 인식을 잘 하고 있지 못하는 것 같다. 그래서 명함을 받고서는 그 명함으로 차마 저지를 수 없는 실수를 하곤 한다. 명함을 세로로 잡고서는 책상을 탁탁 치는 행위에서부터 받은 명함을 아무 곳에나 던져 놓는 행위까지 스스럼없이 행하고 있는 것이다.

이러한 행동을 접하게 된 상대방의 기분은 어떠할까? 차마 그 자리에서 직접적으로 이야기하지는 못하지만 만남이 끝나고 돌아가는 길에 그 기관의 전체적인 이미지뿐만 아니라 공무원의 몰상식을 탓하게 될 것이다. 특히 이러한 예의 없는 행동을 고위직에 있는 공무원이 하게 되었을 경우에는 더욱더 그 기관에 대해 좋지 않은 인상을 가지게 된다.

행정기관의 특성상 찾아오는 손님이 많은 것은 당연하다. 그렇다 보니 외부에서 손님을 만날 기회가 별로 없으며, 더구나 내가 나의 필요에 의해 찾아가서 손님을 만나는 경우는 민간 기업에 비해 훨씬 적은 것이 사실이다. 그나마 사업부서에 근무하여 외부사람들을 만날 기회가 많은 경우에는 이러한 실수를 잘 저지르지 않는다고 볼 수 있다. 하지만 찾아오는 손님이 많은 업무를 하는 사람이 오히려 이러한 실수를 더 잘 저지른다.

공직에 근무하는 사람들의 행동은 늘 도마 위에 오르기 쉽다. 사소한 실수 하나로 자신이 속한 기관이 전체적으로 욕을 먹는 우를 범하지는 말아야 한다.

3) 친하니까 반말을 한다

세 번째 실수는 이제는 많이 사라진 것이기는 하지만 아직도 일어나는 경우이다. 이는 언어사용에 관계된 것이기 때문에 앞에서의 두 가지 실수보다 잘못 사용하였을 경우, 그 부작용이 심각하다고 할 수 있다.

여기서 이야기하는 언어사용의 실수는 손님에 대한 언어사용의 실수를 지칭하는 것이 아니라 내부직원들 간의 언어사용 실수를 말하고자 함이다. 물론 과거에 지도행정을 펼칠 당시의 시대적 상황에서는 민원인이 나이가 어리거나 행정을 잘 모른다고 하여 민원인에게 반말을 하는 경우가 종종 있었으나 지금은 그러한 행태는 거의 사라졌다고 봐야 한다. 하지만 여전히 내부직원들에 대한 언어사용은 손님이 있거나 없거나 마찬가지인 경우가 많다. 자신보다 공직생활의 경험이 짧거나 직급이 낮은 사람에게는 외부 손님이 있음에도 불구하고 존댓말을 사용하지 않는 것이 일반화되어 있다.

같은 직장에 근무하여 친하기 때문이라는 핑계를 대지만 엄연히 직장은 친목단체와는 다르다. 개인적으로 형제의 의리를 맺지 않은 이상은 언어사용에 있어 그 사람의 인격을 존중해주어야 하는 것이 당연하다. 비록 그러한 행태의 언어사용이 습관이 되어 받아들이는 당사자가 아무렇지 않게 생각하더라도 외부인이 있는 자리에서는 자제하는 것이 옳다. 외부인의 시각으로 보기에는 그러한 언어사용이 성숙하지 못한 조직문화의 표상으로 보여질 수 있기 때문이다.

후배나 부하 직원에게 존댓말을 하는 것이 인간적이지 못하다고 생각하는 것이 행정의 조직문화 특성이기도 한 것이 사실이다. 그러나 이러한 문화는 결국 상명하달의 조직문화에서 파생한 것이다. 즉, 위에서 시키는 일만 열심히 잘하면 되는 문화에서는 아랫사람에 대한 예의가 그렇게 중요하지 않다고 생각되어 왔다.

그러다 보니 유독 공공기관에서는 상하관계의 언어사용이 일방통행이 되어버린 것을 많이 발견할 수 있다. 그래서 관공서의 사무실에 들어가서 회의를 하고 있는 것을 보면, 직급을 가르쳐주지 않아도 누가 상급자인지 금방 알 수가 있다.

만일 여러분이 간부공직자이고 부하직원이나 후배직원들의 자발적인 업무추진을 원한다면, 당장 지금부터 언어사용의 습관을 바꾸는 것부터 시작하기 바란다. 사람은 자신의 인격이 존중받고 있다고 느끼고 자신의 존재가 소중하게 생각된다고 느낄 때에 비로소 자발적으로 움직이기 시작한다.

외부인에게 보여주기 위해서가 아니라, 스스로의 조직문화 성숙을 위해서도 후배나 부하직원을 존중하는 언어사용을 생활화해야 한다.

❸ 자신의 인맥을 넓혀라

　인간은 사회적 동물이다. 혼자서는 살 수가 없다. 하지만 사회적인 형태도 여러 가지가 있다. 공무원들도 사회적인 활동을 왕성히 하지만 어떻게 사회적인 활동을 하느냐를 살펴보면 차이가 있다.

　대부분의 공무원들은 사적인 모임을 가지고 있다. 소속되어 있는 모임의 가짓수를 보더라도 한 명당 보통 2개 이상, 많게는 5개 이상이 되는 경우도 많다. 그런데 그 모임의 내용을 살펴보면 대부분이 내부지향적이다. 내부지향적이라는 말은 끼리끼리 모인다는 이야기이다. 청 내에서의 동기 모임, 산악회 모임, 기술직 모임, 같은 거주지 내에서의 모임, 같은 고등학교 출신 모임, 혹은 중학교 출신 모임 등 내부지향적인 모임이 많다. 더 정확히 이야기해서 공무원이 아닌 다른 직업의 사람들과 어울리는 것을 별로 좋아하지 않는다. 물론 이러한 현상은 민간 기업에서 근무하는 직장인의 경우에도 마찬가지다. 같은 직장의 동료들이나 과거에 알고 있었던 사람들을 떠나, 정기적으로 교류를 하는 테마를 가진 모임에 속하는 경우가 드물다. 왜 이런 현상이 발생하는가?

　그들의 이야기를 들어보면 왠지 불편하다는 것이다. 이야기의 주제도 생소하고 해서 한두 번 참석해보면 통하는 것이 별로 없어서 재미가 없다는 것이다. 가장 편한 상대가 직장 동료이며, 과거 회귀적인 모임이라는 것이다. 그래서 모임과 취미가 같은 내부 동료들끼리 모이는 경우가 많다.

　혹자들은 공무원의 경우 신분 특성상의 제약 때문에 그렇다고 말하기도 한다. 하지만 여기서 이야기하고자 하는 것은 모이는 사람뿐만 아니라 그 모임의 성격을 이야기하고자 하는 것이다. 모임의 성격을 자세히 들여다

보면, 미래지향적인 모임은 별로 없다는 것이다. 물론 이는 우리 사회 전반에 걸친 문제이기도 하다. 미래에 대한 뚜렷한 비전이 없다 보니 과거회귀적인 모임이 많아지는 것은 당연한 결과이기도 하다.

그래서는 발전이 있을 수 없다. 국가적인 발전뿐만 아니라 개인적인 발전을 도모하기도 어렵다. 미래지향적인 토론을 통해 다양한 지식을 공유하고, 부족한 지식을 충족시켜나가는 노력을 기울일 계기를 만들 수가 없다. 그저 모여서 소주나 마시며 지난날을 이야기하거나 누구를 험담하는 것이 고작인 것이다.

이제라도 발전지향적인 모임을 만들 필요가 있다. 다른 업종의 기관에 근무하는 사람과의 교류가 쉽지 않다면, 공무원끼리라도 미래지향적인 모임을 만들어보자. 즉, 공무원끼리 모임을 갖되 주변의 자치단체에 근무하는 사람들과 공유하는 모임을 만들어보자는 것이다.

우리 자치단체가 전라남도이니 전라남도의 기획담당자들만이라도 모여서 발전을 이야기하는 모임을 만들어보자는 것이다. 그래서 공통의 주제를 가지고 이야기하고, 스스로 공부하는 형태의 모임을 만들어, 미래 비전을 이야기해보자는 것이다. 이러한 형태의 모임들이 모여서 작은 씨앗의 역할을 하게 된다. 이야기하고 모이다 보면 길이 보이기 마련이다. 시간을 죽이기 위해 모이는 모임보다, 시간을 살리는 모임을 이제부터는 만들어 나가자. 그것이 존경받는 공무원, 국가발전과 자치단체의 발전을 고민하는 공무원의 모습을 실천하는 작은 첫걸음이다.

그 사람이 가지고 있는 인맥은 그 사람의 생각의 크기를 반영한다. 과거지향적인 모임 위주의 교류는 개인의 발전을 위해서도 결코 도움이 되지 못한다. 공직에 근무하던 사람들이 퇴직을 하고 난 후, 제 2의 인생을 설계하는 데 있어 많은 어려움을 겪는다. 자신이 속해 있던 집단으로부터 이탈되었을 경우, 또 다른 집단을 찾아낼 수 있는 유연성이 부족하기 때문이다. 이것은 평소의 인맥형성습관과도 밀접한 관련이 있다. 자신의 테두리 내에서만 평생을 일해 왔기 때문에 다른 집단과의 교류에 자신이 없는 것이다. 그래서 은퇴 이후의 새로운 삶을 개척하는 데에도 수비적인 자세를 취하게 된다.

이제부터라도 다양한 방면의 사람들과의 교류를 즐기자. 다방면의 교류는 사람의 생각을 유연하게 만들고, 새로운 지식의 탐구에 대한 동기를 부여한다. 우리의 인생은 길다. 정년 이후에 살아야 할 인생은 더욱 길다. 골방 늙은이로 살아가고 싶지 않다면, 지금부터라도 미지의 사람들과의 인맥을 형성하라. 그것이 현재 내가 하고 있는 업무에 대해서도 새로운 시각을 부여할 것이다.

공직에서 정년퇴직한 선배들의 생활패턴을 살펴보라. 다양한 인맥을 구축했던 사람과 그렇지 못했던 사람과의 현재 생활이 큰 차이가 있음을 알수 있을 것이다. 여러분의 현재와 미래를 위해 다양한 인맥을 구축하기 바란다.

ACTION 2 ＼ 경험과 직급으로 일하지 말라

민선지방자치제도가 시행된 이후에 공직사회에 달라진 모습이 하나 있다. 그것은 바로 뜻있는 공직자들이 스스로 공부하기 시작했다는 것이다. 특히 지방자치단체의 경우, 자기 고장에서 출생하여 공직생활을 시작한 많은 사람들이 새로이 공직에 입문하는 후배들을 지도하기 위해서나 자신의 이력을 관리하기 위해서, 혹은 추진하고 있는 업무에 대한 소양을 넓히기 위해서, 또는 인간관계를 다양하게 만들기 위해서 등의 이유로 대학이나 대학원에 진학하여 학업을 병행하는 경우가 많아졌다는 것이다. 이는 참으로 바람직한 현상이라고 할 수 있다.

학창시절에 배운 지식과 공직생활의 경험에만 의지해서 자신의 업무를 추진하던 시대는 지났다. 하루하루 환경이 급변하고 있으며, 이러한 급변하는 환경과 다양화되는 수요에 대응할 수 있기 위해서라도 공부하는 자세는 꼭 필요한 것이다.

그저 자신의 공직 경험만을 믿으며 우물 안 개구리식의 사고를 하는 사람이 많은 조직은 발전할 수가 없다. '나도 7급 이하의 시절에는 정말 열심히 공부하고 일했다'라고 돌이켜보며, 현재 나의 지위는 새로운 것을 학습하기보다는 지난 시절의 풍부한 행정경험으로 일해야 할 지위라고 스스로를 합리화하는 생각을 혹시 하고 있지는 않은가?

과거 지방행정기관에는 6급 계장으로 진급만 하면, 업무에 크게 신경을 쓰지 않아도 되는 시절이 있었다. 아침에 출근해서 그날 신문을 읽어보고, 직원들이 품신하는 결재에 대해 도장만 찍어주어도 되었었다. 그 시절에는 가장 중요한 것이 행정경험이었다. 조직에서 근무한 다양한 경험을 후배들에게 가르쳐주는 것만으로도 인정을 받을 수 있었으며, 간부는 업무의 추진과 관련된 주요 인사들과의 원활한 인간관계 유지에 가장 심혈을 기울여야 한다고 생각되던 시절이었다.

하지만 이제 상황은 바뀌었다. 더 이상 과거의 경험만으로 일을 할 수 있는 시대는 지나갔으며, 새로운 행정의 역할이 자꾸 생겨나고 있는 것이다. 더구나 민선이 실시되면서 지역주민의 요구는 더욱더 다양화되었으며, 서비스 제공수준에 대해서도 더 높은 품질을 요구하고 있다. 또한 지역의 발전을 위해서 새로운 개념으로 접근해야 할 사항들은 자꾸만 늘어가고, 공공의 이익을 위해 통제권을 행사해야 할 업무도 산더미처럼 불어나고 있다.

사정이 이렇다 보니 행정기관에서 일처리를 형평성에 어긋나게 하거나 올바르게 추진하지 못했을 경우에는, 지역 내에 새로운 양상의 갈등이 발생하거나, 과거에는 엄두도 내지 못했을 법한 민원사항들이 끊임없이 제기되고 있다.

급변하는 행정환경의 변화와 지역주민의 요구에 대응하고 새로운 발전의 기틀을 마련하기 위해서라도 간부공무원들은 이제 새롭게 공부를 해야 한다. 업무내용의 세세한 부분을 알기 위한 지엽적인 학습이 아니라 세상의 변화와 관련하여 패러다임을 읽을 줄 아는 눈을 기를 수 있는 공부를 해야 한다. 향후의 행정환경은 어떻게 변하여 갈 것이며, 세계경제의 흐름은 어떠한 국면으로 전개될 것인지, 그리고 그와 관련하여 우리 지방자치단체는 어떠한 전략을 구사하여야 할지에 대한 전략적인 사고를 키우는 공부를 해야 한다는 것이다.

간부는 업무를 지시하는 사람이 아니다. 단체장의 의중을 파악하여 그 사항을 부하직원들에게 전달해주는 전달자의 역할을 하는 사람은 더더욱 아니다. 조직의 간부는 조직이 나아가야 할 방향에 대한 전략적인 마인드와 통찰력을 가지고 그에 대해 고민하는 사람인 것이다. 자신이 맡고 있는 부서의 기능을 어떻게 시대의 변화와 고객의 요구에 맞추어 변화시켜 나갈 것인지를 끊임없이 고민해야 하는 사람이다. 그저 상부의 지침이나 지시를 열심히 수행하고, 직원들과의 인간관계를 좋게 하는 것으로 간부의 역할을 다하고 있다고 말할 수 없다. 이러한 역할은 직원 수준의 사고방식을 벗어나지 못하고 있음을 의미한다. '내가 지금 과장이지만 나도 여러분과 똑같이 나의 윗사람을 좀 더 잘 모시는 사람에 불과하다'라고 생각하는 사람은 간부로서의 자격이 없는 것이다.

간부는 고민을 많이 해야 하는 사람이다. 직원들의 능력개발을 위해, 부서의 발전을 위해, 조직전체의 비전실현을 위해, 맡고 있는 부서에서 수행해야 할 역할의 완수를 위해 끊임없이 고민하고 그 실현방안을 만들어내야 하는 사람이 간부인 것이다.

부하직원들이 만들어오는 서류의 잘잘못을 따지고, 부하직원들을 통제하는 역할을 함으로써, 그러한 상황을 자신의 상사에게 보고하는 사람이 간부인 것은 아니다.

환경의 변화와 관련하여 간부가 자신과 조직의 발전을 위해 노력해야
할 사항들은 다음과 같다.

❶ 변화의 흐름을 읽을 수 있는 책을 많이 읽어라

당신이 지금 간부라면, 일 년에 당신이 읽는 책의 권수는 몇 권이나 되
는가? 그리고 또 주로 읽는 책은 어떠한 종류의 책인가? 혹시 새로 나온
신작소설이나 잡지, 당신의 취미와 관련된 책들을 주로 읽고 있지는 않은
가? 책을 사기 위해 서점에 들러본 지가 얼마나 되었는가? 신문에서 소
개하는 신간 코너를 유심히 들여다보고, 그 책을 주문해서 읽어본 적이 있
는가?

우리나라 국민의 23.7%가 1년 동안 책을 한권도 읽지 않는다고 조사된
결과가 있는데❹, 당신도 이러한 사람들의 무리에 속해 있는 것은 아닌가?
책을 읽기는 하지만 통계청에서 조사한 결과처럼 국민 1인당 1개월에 책
을 0.5권도 읽지 못하고 있듯이 당신도 한 달에 한 권의 책도 채 읽지 못하
고 있는 것은 아닌가?

21세기는 기업경영에 있어서도 독서경영이 각광을 받고 있는 시대이
다. 책 읽는 것을 좋아하는 직원들이 많을수록 그 회사는 발전할 수 있는

....

❹ 국립중앙도서관, 국민독서 실태조사, 2006

회사이다. 새로운 책을 접하기를 좋아하고 또 그 내용에 대한 토론을 좋아하여, 직원 상호 간에는 자연스러운 지적인 공감대가 형성되어 억지로 통제하거나 강요하지 않아도 스스로 발전을 위한 고민과 실천을 행하기 때문이다.

모든 조직이 스스로 움직이는 살아있는 인재를 보유하기를 원한다. 이를 위해 인재육성에 막대한 예산을 투입하기도 하고, 인센티브를 포함한 자발적인 동기부여 시스템을 도입하기도 한다. 독서를 좋아하는 조직은 이러한 목적을 위해 별도의 인위적인 시스템을 도입하려 애쓰지 않아도 된다. 직원들이 모이는 자리에서는 상사에 대한 험담이나, 조직의 운영시스템에 대한 불만 대신에 자연스럽게 새로운 지식에 대한 교류가 발생하고, 자신의 지식을 동료와의 교감을 통해 한층 더 성숙시키기 때문이다. 경영자는 자신이 감명 깊게 읽은 책을 직원들에게 소개하기도 하고, 자신의 생각을 직원들과 토론하는 것을 좋아할 수 있어야 한다. 이러한 모든 것의 기본이 책을 읽는 습관이다.

21세기는 지식정보의 사회이다. 하루에도 수많은 변화가 일어난다. 어제의 정보가 오늘은 낡은 정보가 될 정도로 거대한 정보의 홍수가 우리를 중심으로 끊임없이 발생하고 있다. 이러한 급변하는 환경 속에서 변화의 패러다임을 읽는 눈을 가지지 못한 조직은 도태될 수밖에 없다. 그 조직이 국민의 세금으로 운영되는 정부기관이라면, 시대흐름을 반영하지 못할 경우 늘 탁상행정이라는 비판을 받게 마련이다.

이제부터라도 여러분이 간부로서의 역할을 제대로 수행하기 위해서는 책을 읽어야 한다. 수없이 많은 종류의 책들 중에서 변화의 흐름을 간파할 수 있는 패러다임에 관한 책을 특히 많이 읽어야 한다. 한 달에 한 권 정도의 책을 읽겠다는 목표를 세우고 실천하기 바란다. 그래서 비어 있는 여러분의 지식창고를 채우고, 더불어 여러분의 양식을 살찌우고, 세상의 흐름을 읽는 통찰력을 키우기 바란다.

'알아야 면장을 한다'라는 말이 있다. 간부의 역할도 알아야 하는 것이다. 무엇이 간부의 역할이고 그것을 어떻게 수행하는 것이 바람직한 방법인지를 알아야 간부의 역할도 제대로 수행할 수가 있다. 여러분을 시작으로 동료들이나 후배직원들에게도 책 읽기를 권하여 여러분의 조직이 학습하는 조직으로 거듭날 수 있는 시금석의 역할을 수행해보자.

② 선진지에 대한 견학을 통해 견문을 넓혀라

'백문(百聞)이 불여일견(不如一見)'이라는 말이 있다.

민선지방자치가 시작되면서 각 지방자치단체에서는 직원들의 견문을 넓히기 위해 해외연수 예산을 세워 이를 장려하고 있다. 초기에는 우리보다 먼저 지방자치제도를 앞서 시작한 나라의 시스템을 배우고자 하는 것에서부터 시작하여, 이제는 행정의 각 분야별로 앞서있는 시책을 벤치마킹하기 위해 연수를 실시하고 있다. 이러한 현상은 우리나라의 지방행정 발전을 위해 지극히 바람직한 현상이다.

하지만 아직도 미흡한 점이 많다. 배우고자 떠나는 연수임에도 불구하고, 노력을 기울이지 않고 배우고자 하는 것이다. 전후 일본의 기업가들이 미국으로 건너가 패전국에서 건너온 '노란 원숭이(yellow monkey)'라는 멸시를 받으며, 그들의 노하우를 배우려 했던 자세와는 너무나 다른 자세를 가지고 연수에 임하고 있는 것이다. 일본의 기업가들은 승리국의 자만에 취해 있던 미국의 기업으로부터 품질관리의 중요성을 배웠고, 그들의 노하우를 철저히 분석하고 적용하여 오늘날 세계제일의 품질강대국을 만들었다. 그들이 순간적인 멸시와 조롱을 견뎌내며 벤치마킹한 미국의 노하우를 국가적인 차원에서 공유하고, 그것을 재기를 위한 도약으로 철저하게 활용한 것은 벤치마킹을 하고자 하는 조직이나 개인이 반드시 갖추어야 하는 자세의 표상이다.

선진행정을 배우기 위해 많은 예산을 들여 해외로 나가는 것이라면 그에 걸맞은 준비를 해야 한다. 사전에 방문기관에 대한 기본적인 지식 습득은 물론이고, 자신의 업무와 관련하여 방문기관의 면담자에게 질문해야 할 사항들을 미리 점검하여, 어렵게 나간 연수를 헛되이 보내지 말아야 한다.

일본의 지방자치단체를 방문하였을 때의 일이다. 그들의 지방자치분야 중에 도시 관리의 노하우를 배우고자 관련 자치단체를 섭외하고, 우리나라의 공무원들과 함께 해외연수를 다녀온 적이 있다. 보다 알찬 연수의 진행을 위해 사전에 그 자치단체의 기본 현황이나 잘 되고 있는 시책, 그리고 도시 관리에 관련된 개략적인 자료를 요청하여 참가자들에게 미리 배포하였다.

방문하기로 한 자치단체에 도착하여 회의실에서 그들의 도시 관리에 관한 간단한 브리핑을 받고, 곧이어 질의응답시간을 가졌다. 그런데 사전에 자료를 미리 배포하였음에도 불구하고, 질문하는 내용들이 자료에 다 나와 있는 기본적인 사항들에 머무르는 것이 아닌가? 정작 참여한 사람들이 사전에 배포한 자료를 바탕으로 준비를 하나도 하지 않았던 것이다. 이렇다 보니 질문을 받는 일본의 공무원이나 진행을 하는 코디네이터의 입장에서 참으로 당혹스러울 수밖에 없었다. 이렇게 질문이 기본적인 사항에 머무르자 막상 질의응답시간의 의미가 없어지게 된 것이다.

내심 우리를 맞이한 일본의 공무원도 한국은 도시관리를 어떻게 하고 있느냐 하는 것에 대해 상호토론을 하고 싶었던 눈치였다. 그러나 우리 쪽에서 너무 준비가 되어 있지 않은 상태에서 그들과 마주했기 때문에 그 수준까지의 대화는 불가능한 것이 되어버린 것이다. 그런데 이렇게 민망한 상황이 한 번에 그쳤으면 그나마 다행이다. 그 후 다른 연수단을 이끌고 간 코디네이터의 이야기를 빌리자면, 동일한 내용으로 몇 번 더 그 자치단체를 방문하였지만, 그러한 상황이 바뀌지를 않았다고 한다. 오죽하면 개인적으로도 친분이 있는 그 코디네이터에게 일본의 공무원이 이런 식의 방문을 왜 하는지를 이해하지 못하겠다는 이야기를 하는 것을 듣고는 참으로 얼굴이 화끈거렸다고 한다.

견문을 넓히기 위해서는 반드시 직접 현장을 살펴볼 필요가 있다. 하지만 사전에 준비를 철저히 하고 떠나는 것이 예의이다. 그리고 선진지에 대한 견학을 다녀온 이후에는 그 경험을 공유하려는 자세가 중요하다. 자치단체에 따라서는 해외연수 이후에 반드시 전체 직원 앞에서 발표회를 하거나, 벤치마킹 경험 보고서를 만들어 공람하는 경우도 있다.

또한 해외연수를 떠나기 전에 대상자를 선발함에 있어 연수계획서를 제출받아 사전에 심의하는 자치단체도 있다. 이는 모두 바람직한 방향이다. 이러한 사전과 사후의 제도를 통해 사전 준비를 철저히 하는 효과를 동시에 거둘 수 있다.

그리고 이제는 한 자치단체 내에서의 경험 공유뿐만이 아니라, 국가전체 차원에서의 경험 공유가 필요하다. 예를 들어 A라는 자치단체에서 일본의 K라는 자치단체를 도시환경의 관리라는 테마로 연수를 다녀왔으면, 그 경험을 다른 자치단체에서도 공유할 수 있는 시스템을 만드는 것이 필요하다. 그래서 A자치단체의 공무원들이 방문하였을 때에는 누구누구를 만났고, 어떠한 질문을 했으며, 그들은 이 질문에 대해서는 어떠한 대답을 하였다 하는 것이 공유되어야 한다. 그래서 B라는 자치단체의 공무원들이 방문할 때에는 저번에는 이러한 사항을 질문하였으니, 이번 연수에서는 다른 방향에서 접근을 시도하여 보다 깊이 있는 내용을 토론할 수 있도록 해야 한다. 그렇게 할 때 막대한 예산을 들여 연수를 다녀오는 효과를 배가시킬 수 있다.

여러분들의 부하직원들이 해외연수를 나가고자 할 때에는 반드시 이러한 사항을 사전에 준비할 수 있도록 도와주기 바란다. 그저 해외에 처음 나가는 것이니 즐겁게 다녀오라는 인사 대신에, 이번 연수의 의미가 무엇이며, 연수를 통해서 얻고자 하는 것이 무엇인지, 목표를 세울 수 있도록 유도하기 바란다.

간부직원인 여러분들이 나갈 때에도 마찬가지다. 같이 출발하는 동료들과 반드시 사전에 회합의 시간을 가져, 전체적인 연수를 어떻게 이끌어 나가고, 얻고자 하는 것은 어느 정도까지 얻을 것인지를 미리 토론하기 바란다.

연수의 진행에 있어서도 여행사가 짜준 일정대로 움직일 것이 아니라, 여러분의 의견이 가미될 수 있도록 내용을 알차게 구성하기 바란다. 더구나 여러분이 배우고자 하는 분야에 대해 잘 알고 있는 전문가를 모시고 연수를 다녀오는 것도 한 방법이다. 현장을 답사하고 그 나라의 공무원들과 깊이 있는 토론을 하기 위해, 관련 전문가를 모시고 가서 현장을 답사하면서 유의해야 할 점, 관심 있게 보아야 할 중요한 관점 등에 대해 조언을 받는 것은 더할 나위 없이 좋은 방법이다. 여러분이 간부직원일수록 이러한 자세는 필요하다. 해외연수는 쉬러 가는 것이 아니라, 배우러 가는 것이기 때문이다.

기회가 되면 적극적으로 자신의 견문을 넓히기 위해 노력하자. 그것이 해외가 아니더라도 국내에 그러한 벤치마킹의 대상이 있다면 직접 부지런히 다녀라. 내가 간부이기 때문에 그러한 일을 부하 직원에게 다녀오라고 시키는 사람은 어리석은 사람이다. 부하직원보다 일천한 지식으로 어떻게 부하에게 리더십을 발휘할 수 있겠는가?

❸ 세미나에 참석하여 전문가들의 이야기를 들어라

간부들이 스스로의 능력을 개발하기 위해 책을 읽거나, 선진지를 견학하여 견문을 넓히는 것과 더불어, 자신의 시각을 새롭게 할 수 있는 방법이 세미나에 참석하여 전문가들의 의견을 접해보는 것이다.

우리나라도 지식정보화사회에 접어들어 각종 학회나 연구회 등에서 수시로 자신들의 주장을 펼치는 세미나를 개최하고 있다. 그러한 세미나에 참석해보면, 그간 알지 못했던 새로운 지식을 얻을 수 있거나 현상에 대한 새로운 시각을 전문가를 통해 얻을 수 있다.

그러나 이러한 세미나를 개최하는 학회나 연구기관의 이야기를 들어보면, 번번이 청중의 수가 너무 적다는 것이 문제이다. 그래서 세미나 장소에 학생들을 동원하기도 하고 공공기관의 경우에는 직원들을 동원하기도 하여, 모양새를 갖추는 경우가 많다. 이는 물론 청중이 많이 참석할 수 있도록 하는 주최기관에서의 노력도 필요하지만, 새로운 분야에 대한 탐구 의욕이 부족한 관련분야 종사자들의 무관심에도 그 원인이 있다.

지방자치단체나 공공기관의 간부직원인 여러분은 자신의 업무와 관련이 있는 학회나 연구기관의 사이트에 방문하여, 그들이 새로운 이론이나 기법을 어떻게 연구하고 있는지를 눈여겨보고 있는가? 또한 그들이 주최하는 세미나에 참석하여, 그들의 의견에 귀 기울여본 적이 있는가? 여러분의 후배나 부하직원들에게 이번에 이러이러한 기관에서 이러한 세미나를 개최하니, 같이 참석하여 보자고 권유해본 적이 있는가?

아니면 여러분의 상사나 기관장이 참석하기 때문에 어쩔 수 없이 수행을 이유로 참석하는 것이 전부인가? 어떠한 이유에 의해서 세미나 장소에 갔다가도 정작 세미나의 내용은 들어보지도 않고, 주최 측에서 제공하는 세미나 자료집만을 받아들고서 그 자리를 나오는 행태를 보여주고 있지는 않은가?

이러한 현상들은 모두 전문성의 부족과 의욕의 부족이 그 원인이다. 세미나에 참석을 해도 도대체 무슨 소리를 하는지를 알아듣기가 힘들어서 그런 자리를 회피하거나, 그런 자리는 부하직원들이 열심히 쫓아다녀야 한다고 생각하는 경우와, 그 자리에 앉아서 집중해서 들으려니 너무 재미가 없다는 식의 핑계를 대기 마련인 것이다.

이는 자신이 수행하고 있는 분야의 업무에 대해, 아직도 경험으로 일하면 충분하다는 안이한 생각에서 비롯된 것이다. 지역주민들의 편 가르기로 인해 그토록 혹독한 지역갈등을 겪었음에도 불구하고, 지역갈등을 해소하는 방안은 어떻게 하는지에 대한 세미나에 참석하지 않는 것이 또한 우리의 모습이다.

이제부터라도 자신의 업무와 관련된 분야에 대해서 적극적인 연구를 하기 바란다. 그래서 연관된 주제의 세미나에 참석했을 경우, 그 내용을 즐기는 사람이 되기 바란다. 세미나도 많이 참석해본 사람이 세미나를 즐길 줄 아는 것이다.

❹ 간부는 '갑'이 아니라 '을'이다

사람은 제각기 다른 부모에게서 다른 유전자를 물려받아 태어난다. 그만큼 성격도 다르고, 사고방식도 다르며, 외모도 다르다. 조직은 이러한 다양한 사람들의 집합체이다. 다양한 사람들이 모여 조직이라는 이름 하에 조직의 가치를 창조하고자 함께 일하고 있는 것이다. 이렇듯 다양한 사람들은 각자의 기호도 다르고, 지식의 수준도 다르고, 생활방식도 다르게 마련이다. 그래서 이러한 다양성을 인정하면서 조직의 가치실현을 위해, 각자의 조직은 나름대로의 공동생활규칙을 가지고 있다.

그러나 사람은 자기의 기준으로 사물을 바라보며 사람을 평가하고자 하는 성향이 있다. 그래서 자신의 기준에 어긋나는 사람에 대해서는 배타적이 되어 갈등을 일으키게 마련이다.

특히, 조직의 간부들이 이러한 자기기준이 명확하며, 그 기준에 의거하여 직원들을 통솔하고자 하는 경향이 강하다. 원론적인 이야기지만 조직에서 간부가 되면, 가장 먼저 가져야 할 자세가 다양성을 인정하는 것이다. 내가 이제 간부가 되었으니 나의 가치관을 존중해서 내 방침에 따라 일해주기를 바라고 강요하는 것이야말로 조직이라는 이름으로 모여 함께 일하는 직원들의 사기를 죽이는 첫걸음인 것이다.

사적인 자리에서 공직자들을 만나면 이런 이야기를 하는 것을 많이 듣는다. '나는 예전에 저렇게 일하지 않았다' 라는 것이다. 이 이야기의 대부분은 자신이 과거에 모셨던 상사들에 대한 이야기로 귀결되며, 괴팍한 상사를 만나 그 밑에서 엄청나게 고생을 했지만 나는 그 상사의 비위를 다 맞추어 주었다고 이야기하는 것이다. 이는 결국 이야기하고자 하는 바가 지금의 자신의 처지에서 볼 때, 과거에 내가 상사를 모셨던 것만큼 직원들이 현재 나를 대우해주고 있지 않다는 섭섭한 기분을 이야기하는 것이다.

이것이 간부가 되면 버려야 할 첫 번째 생각이다. 과거의 행정과 현재의 행정은 많이 달라졌다. 외부 환경의 변화로 인해 역할이 바뀐 것을 아직도 과거의 향수에 젖어 있을 수는 없다. 지금은 다양성의 시대이며, 조직의 성과를 내기 위해서 명령과 통제의 의해 직원들을 관리하던 시대는 지나갔다. 서로의 다양성을 최대한 존중하며 어떻게 그들의 시너지를 이끌어 낼 것인가 하는 것이 간부의 제일 중요한 역할이다.

그렇기 때문에 앞에서 이야기한 것처럼 간부직원일수록 열심히 공부해야 한다. 또한 열심히 공부하는 한편 직원들에게서도 배우고자 하는 자세를 가져야 한다. 여러분이 현재 간부의 지위에 있다고 해서 여러분의 직원들보다 모든 면에서 우수하다고 할 수는 없다.

오히려 특정 분야에서는 그들이 여러분보다 출중한 능력을 가지고 있는 것이 사실이다. 이러한 사실을 인정하고 그들에게서 배우고자 하는 마음 자세를 가질 때 여러분은 비로소 간부로서의 첫 번째 소양을 지니게 된다.

배우고자 하는 자세는 매우 중요하다. 이는 자신을 낮추는 마음자세에서 비롯된다. 상대에게서 배우고자 하면 내가 '갑'의 입장이 아니라 '을'의 입장이 된다. 공공조직이나 기업에서 간부의 지위에 있는 사람들이 저지르는 대부분의 실수가 바로 자신이 이제는 '갑'의 위치에 올랐다고 생각하는 것이다. 하지만 이런 마음가짐은 결코 조직을 이끌어나가는 데 있어 도움이 되지 못한다. '갑'의 우월적 위치를 마음속에 담아두고 있기 때문에 늘 자신에게 유리한 쪽으로 해석하고 그 사항을 실행하려 하는 것이다. 그래서 직원들에 대해서도 군림하려고 하는 것이다. 조직의 관리는 얼마나 직원들을 엄하게 대해서 나의 명령에 죽는 시늉이라도 할 수 있게 만드느냐가 아니다.

여러분 스스로를 '을'의 입장이라고 생각하라. '갑'의 눈치를 보는 '을'의 입장이 아니라 '갑'을 고객으로 모시는 '을'의 입장이 되라는 것이다. 이러한 자세를 가질 때 여러분은 직원들로부터 마음속으로 우러나는 존경을 받을 수 있다.

ACTION 3 ＼ 같이 일하고 싶은 상사가 되라

1 적극적으로 직원의 배움을 장려하라

우리나라의 교육열은 세계에서 둘째가라면 서러워할 정도로 대단하다. 이러한 교육열은 전후 우리나라를 인구는 많고, 땅은 좁고, 자원도 빈약한 악조건에서 1965년 이후, 세계제일의 고도성장을 달성한 나라로 만들었다. 이는 곧 오늘 하루를 굶더라도 자식의 교육을 위한 투자는 아낄 수 없다는 부모들의 의식에서 비롯되었으며, 이러한 부모들의 교육을 향한 열의는 지금도 지속되고 있다.

그런데 이토록 자녀들의 교육을 위해서라면 물불을 가리지 않는 부모들이 정작 자신을 위한 교육의 투자에는 그 같은 열성을 보이지 않는 것은 실로 의아한 일이 아닐 수 없다. 사회생활을 하기 위해서는 학창시절에 배웠던 지식만으로는 감당하기가 어렵다. 물론 업무의 추진을 통해서나 주위 선배들의 가르침으로 조직에서 자신에게 부여된 역할을 수행해 나가지만, 자신의 업무를 한 단계 더 발전시키고 자신의 능력을 신장시키기 위해서는 스스로도 자기계발을 해야 하는 것이다.

이러한 필요성에도 불구하고 자식에게는 공부하라는 소리를 입에 달고 살지만, 정작 자신은 공부하는 모습을 보여주고 있지 못한 것이다. 야근을 이유로 늦게 퇴근하거나, 사업상의 필요에서나 친분관계의 유지 차원에서의 만남을 이유로 늦게 퇴근하는 날이 많아, 어쩌다 쉬는 날에는 그간의 피로를 풀어야 한다고, 하루 종일 집에서 뒹구는 모습을 보여주는 것이다. 그리고는 자녀들에게는 '이것이 다 너희들을 위해서 힘들게 일하는 모습이다'라고 강변하며 집에서라도 편하게 쉬도록 내버려두라고 이야기한다.

물론 이와는 정반대의 모습을 보여 주는 부모들도 많다. 자녀들에게 공부하라는 소리를 하며 윽박지르기보다는 늘 책을 읽는 모습을 보여주는 부모의 모습이 그것이다. 집에만 들어오면 텔레비전 리모컨부터 집어드는 것이 아니라, 책을 읽는 모습을 보여주어 자녀들이 부모의 생활습관을 따라할 수 있도록 유도하는 것이다.

이러한 두 가지의 서로 다른 유형은 조직생활에 있어서도 적용될 수 있다. 부서의 직원들에게 일일이 말로 지시하며 일을 추진하는 타입과, 본인이 나서서 몸소 본보기를 보여주어, 부하직원들이 스스로 따라오게 하는 타입으로 구분될 수 있다.

전자의 입으로 일을 하는 타입의 상사를 만나면, 부하직원들은 힘들어진다. 본인이 모든 것을 알고 있어야 직성이 풀리기 때문에 사사건건 작은 일이라도 보고를 해야 하고, 그렇지 않은 경우 눈 밖에 나게 되는 것이다. 이런 유형의 상사는 부하직원들을 자신의 가시권 안에 두고자 하는 경향이 강하다. 그래서 하다못해 업무상의 출장을 가거나, 차 상위 상사를 만나러 갈 때도 일일이 보고를 하고 가야 한다. 이런 상사들일수록 유독 단체생활을 강조하며, 부하직원의 개인적인 시간까지 간섭하려 하는 경향이 있다. 그래서 이런 상사와 같이 일할 경우에는, 법적으로 보장된 휴가를 갈 때에도 눈치가 보이는 것이다.

심지어 이런 상사는 부하의 육성에 있어서도 적극적이지 못하다. 부하직원이 교육을 위해 자리를 비워야 할 경우가 생기게 되면, 가장 먼저 하는 말이 "업무에 지장이 없겠느냐?"이다. 이것은 무슨 의미인가? '나는 당신이 평소에 하는 업무의 추진이 마음에 들지 않아 불안했는데, 그렇게 한가하게 교육을 다녀올 수 있느냐?' 라는 속마음을 내비치는 것이 아닌가? 이런 소리를 듣고서 부하직원이 교육을 편하게 다녀올 수가 있겠는가? 이런 상사일수록 자신이 참석하는 교육은 조직의 발전을 위한 능력계발이고, 부하직원이 교육을 가는 것은 할 일이 태산처럼 많은데 하필 이때에 교육을 가느냐 하는 입장을 보인다.

민선 실시 이후 많은 지방자치단체가 직원의 교육에 열의를 보이고 있지만, 교육을 실시하는 형태를 살펴보면 아직도 부족한 점이 많다. 교육을 담당하는 부서에서 이번 교육의 대상은 누구누구이며, 교육날짜는 언제부터 언제까지라는 식의 인사명령을 내서 시행하는 전체적인 교육이 많다. 부서장이 나름대로의 재량권을 가지고 직원들의 능력계발을 위해, 스스로 교육을 보내는 경우는 찾아보기 힘들다는 것이다. 그만큼 부하직원의 육성에 대해 무관심하다는 반증이다.

상급기관의 교육 참석 공문이나 요청이 없는 경우에도, 스스로 부하직원의 능력계발에 관심을 가지고 평소에 그들의 장단점을 분석하여, 필요한 교육의 정보를 입수하고서 부하 직원에게 교육을 먼저 다녀오라고 권해 주는 간부직원이 몇이나 되겠는가?

교육을 통한 부하직원의 육성은 나의 몫이 아니라 인사부서의 소관사항이기 때문에, 나는 그에 대해 특별히 관심을 기울이지 않아도 된다고 생각하고 있는 것은 아닌가?

간부가 발휘해야 할 역량 중 가장 중요한 하나가 부하직원의 육성 역량이다. 함께 근무하고 있는 직원의 능력을 평소에 유심히 관찰하여 파악하고, 그들의 장점은 강화시키고 약점은 보완시켜주기 위한 노력을 기울이는 것이 상사로서의 기본역할이다. 그래서 함께 일하고 있는 동안 그 직원의 능력을 배가시켜, 어느 부서에 배치되더라도 제 능력을 발휘할 수 있도록 만드는 것이 간부의 역할이다.

동네에서 망나니 같은 자식이 있으면, 그 자식의 부모가 욕을 먹는다. 이는 자식교육을 게을리한 부모의 무능을 탓하는 것이다. 조직에 있어서도 마찬가지다. 여러분의 직원이 다른 부서의 사람에게서 비난을 받고 있다면, 이는 그 직원의 상사인 여러분의 잘못이 크다.

어차피 순환보직이라 데리고 있는 동안에 말썽만 부리지 않기를 바라는 것은 참으로 비겁한 행동이다. 간부로서 부하 직원에게 능력을 개발할 수 있는 적극적인 기회 제공을 해야 한다. 자신의 능력계발에 관심이 없는 직원은 관심을 유도하여 자기계발을 할 수 있도록 도와주어야 하며, 스스로 하고자 하는 직원은 더욱더 용기를 북돋우어 주어야 한다. 직원들의 배움을 장려하고 끊임없이 기회를 만들어주는 상사야말로 같이 일하고 싶은 상사의 모습이다.

❷ 칭찬을 잘하는 사람이 되라

컨설팅을 수행하는 도중에 간부공무원들과 이야기를 나누다보면 의아한 생각이 들 때가 있다. 좀처럼 같이 일하고 있는 직원들에 대해 칭찬의 말을 하지 않는다. 데리고 있는 직원들에 대해 넌지시 물어보면, A라는 직원은 이런 점이 나쁘고 B라는 직원은 이런 점이 부족하다고 이야기하는 사람이 의외로 많다는 것이다.

직원을 칭찬하지 않고 그 직원의 결점을 이야기함으로써 마치 자신이 그들보다 우월하다는 것을 과시하는 것처럼 직원에 대한 험담을 늘어놓는 상사들이 있다. 그러한 상사들과 이야기를 나눈 후, 같이 일하고 있는 직원들과 인터뷰를 해보면 그러한 상사에 대해서는 직원들의 평가도 역시 좋지 않다는 것을 알 수 있다.

우리는 예전부터 유교문화의 영향을 받아서 아랫사람을 칭찬하는 것에 대해 별로 관대하지 못한 문화를 가지고 있다. 오죽하면 남들에게 자신의 아내나 자녀자랑을 하는 사람을 팔불출이라고 하며 그런 사람을 가벼이 보는 경향까지 있다. 이러한 문화가 조직생활에서 윗사람에 대해서는 한없이 관대하고 아랫사람에 대해서는 엄격한 것이 조직인의 기본 덕목이라 여기게 된 것이다. 그래서 자신과 같이 일하고 있는 직원에 대해 자랑을 늘어놓는 것을 체신 머리 없는 일이라고 생각하는 사람들까지 있다.

이러한 이유에서인지 몰라도 관료적인 문화가 있는 조직에서는 간부들이 직원들을 공개적으로 칭찬하는 모습보다, 잘못한 직원을 일벌백계(一罰百戒)의 차원에서 야단치는 모습을 보여주는 것이 직원들에게 긴장감을 주어 조직 관리에 더 도움이 된다고 생각한다. 그래서 간부들은 직원들이 실수를 했을 때 심하다 싶을 정도로 혼을 내는 모습을 보여주고는, 나중에 그 직원을 따로 불러 '내가 당신이 미워서 그런 것이 아니라 조직전체의 차원에서 긴장감을 주기 위해 어쩔 수 없이 그랬다'라는 변명을 한다. 하지만 이러한 방법들은 그다지 큰 효과를 발휘하지 못한다. 공개적인 석상에서 야단을 맞은 직원은 나중에 상사가 따로 불러 해명을 하더라도, 여전히 그 기분은 풀어지지 않을 뿐만 아니라 그 상사에 대한 신뢰까지 떨어지는 것이다.

환경의 변화속도에 따라 이제 리더의 역할이 바뀌고 있다. 환경의 변화가 급속도로 진행되는 시대에는 가정이나 조직에서도 '나를 따르라'라고 주장하던 권위적인 리더의 역할에서 구성원의 자발적인 의지를 북돋아주는 리더로 역할모델이 바뀌고 있다. 환경의 변화속도가 빠르지 않았던 과거에는 리더는 자신의 경험을 통해 구성원들에게 절도 있게 명령을 전달하고, 구성원들은 리더의 명령을 충실히 수행하기만 하여도 성과를 낼 수가 있었다. 하지만 지금은 환경의 변화속도가 너무나도 빨라 일일이 명령하고 확인하는 단계를 거치는 과거의 패러다임이 더 이상 효율적이지 않게 되었다. 급변하는 환경의 변화에 맞추어 구성원들이 스스로 판단하여 자신의 능력을 발휘해야 하는 시대가 된 것이다.

즉, 자발적인 동기부여를 통해 스스로의 노력으로 성과를 내는 살아있는 조직을 지금의 시대상황은 요구하고 있다. 이러한 상황에서 위엄 있는 간부의 역할은 오래전에 그 시효를 다하고, 이제는 직원들과 함께 호흡하는 리더가 각광받는 시대이다.

최고위층의 생각을 직원들에게 효율적으로 전달하기만 하는 윗사람에 대해서 아직도 직원들이 여러분이 과거에 그러했던 것처럼 관대하리라는 기대는 접어야 한다. 지금의 젊은 직원들은 윗사람의 장단점을 누구보다도 정확하게 파악하고 있다. 여러분의 장단점을 정확하게 파악하고 있을 뿐만 아니라 아직도 과거의 패러다임에 머물러 있는 여러분의 무지를 비웃고 있는 것이다. 과거처럼 상사의 지시 한마디에 모든 것이 일사천리로 진행되는 시대는 지나갔다.

이제 통제와 관리의 리더에서 자율과 지원의 리더 역할을 요구하고 있는 것이다. 직원들과 함께 호흡하며 그들의 자발적인 동기를 이끌어내고 직원의 능력을 계발시켜 성과를 이끌어내는 것이 리더의 기본 역할이다. 그래서 리더는 직원들이 스스로 도전하겠다는 마음을 가질 수 있도록 만드는 동기부여의 역량을 가지는 것이 중요하다. 그러기 위해서는 자신의 능력계발을 위한 자기계발의 진행과 동시에 부하직원의 능력을 향상시킬 수 있는 배움을 장려하여야 하며, 업무에서 자발적으로 의욕을 가질 수 있도록 분위기 조성을 하는 역할이 매우 중요하다.

이러한 분위기의 조성이 바로 리더의 몫이다. '칭찬은 고래도 춤추게 한다' 라는 말이 있다. 부하직원들이 스스로 열심히 일하기를 바란다면 부하직원들을 열심히 칭찬하라. 아침에 출근해서부터 웃는 낯으로 여러분이 먼저 인사하라. 정감 넘치는 인사를 건네고 애정 어린 칭찬을 하라.

"김 계장, 좋은 아침! 이발했어요? 얼굴이 한층 말쑥해 보이네."

"이 차관, 어제 내게 준 자료, 고마웠어요. 시장님께 보고했더니 흡족해 하시던데, 앞으로도 잘 부탁합니다." 등의 사소한 일이라도 부하직원을 칭찬하는 습관을 들이도록 하라. 칭찬을 하지 않던 사람이 칭찬을 하면 처음에는 상대방이 어색해하더라도 시간이 지날수록 여러분에 대한 인간적인 호의를 느끼게 될 것이다.

근무기강이 해이해졌다고 월요일 아침부터 본보기로 누구를 혼낼 것인가를 생각하지 말고, 누구를 칭찬해서 분위기를 즐겁게 만들 것인가를 고민하라.

아침의 출근길에는 항상 오늘은 어떻게 우리 부서의 분위기를 즐겁게 이끌어나갈 것인가를 습관적으로 생각하기 바란다. 여러분의 이러한 고민에 직원들은 행복한 직장생활을 할 수 있다. 여러분의 노력여하에 따라 모든 것이 달려 있다. 생각이 끝났으면 망설이지 말고 행동하라. 당장 내일 아침부터 직원들을 칭찬하는 것으로 하루를 시작하라.

❸ 적극적인 정보의 발신자가 되라

공공기관에서 일하고 있는 간부들과 인터뷰를 하다 보면, 이런 하소연을 하는 경우가 많이 있다.

"도대체 우리 직원들은 무슨 생각으로 일을 하고 있는지 모르겠어. 업무지시를 해도 제대로 내 생각에 맞도록 해오는 직원이 별로 없어. 어디 믿고 맡길 수 있는 직원 2~3명만 있어도 내가 이렇게 고생하지 않을 텐데……."

이러한 푸념의 원인을 분석해 보면, 그 이유는 부하의 무능력이 문제가 아니라 자신에게서 비롯된 문제가 대부분이며, 정확한 정보를 전달하지 않아서 생기는 문제인 경우가 많다. 보다 정확히 이야기하자면 업무를 지시함에 있어, 해당업무와 연관된 정보를 충분하게 제공하지 않아서 생기는 오류이다. 조직의 구조상 업무의 지시는 단계를 통해서 이루어지기 마련이다. 그 와중에 최초의 의도와 달리 정보가 왜곡되는 것이다.

마치 오락게임 중에 단어를 전달받는 사람의 귀를 막고 전달자가 큰 소리로 이야기하면, 그 사람의 입 모양을 보고 단어를 추측하는 것과 유사한 현상이 벌어지게 된다. 국장은 과장에게 지시하고, 과장은 팀장에게 지시하고, 팀장은 다시 담당자에게 지시하다 보니 애초의 지시내용과는 다른 빗나간 방향으로 업무가 추진되는 것이다. 이러한 현상이 벌어지는 원인을 살펴보면 공조직에서의 정보흐름 관행과 밀접한 관련이 있다.

그 첫째 원인은 공조직에서 정보의 쏠림이 상향식이라는 데 있다. 즉, 조직 내에서 일어나는 모든 정보가 위로만 쏠리는 현상이 강하기 때문이다. 정보가 위로만 올라간다는 이야기는 정보의 진행방향이 위로만 향해 있다는 것을 의미한다.

이러한 정보의 이동은 한번 위로 쏠리기 시작하면 끊임없이 위로만 향하려는 속성을 가진다. 이는 정보의 질에 있어서도 고급정보와 중급정보 그리고 하급정보의 구분이 모호해져 모든 정보가 위로 모이는 현상과도 같다. 이러한 현상은 간부직원의 태도에서 기인한다. 조직 내에 일어나는 모든 정보를 알고 있어야 유능한 간부라는 인식으로 인해 취해야 할 정보와, 취하지 않아도 될 정보를 구분없이 무조건 취하고 보는 양상을 나타내는 것이다.

둘째는 정보의 전달과정에 있어서 간부들의 공통적인 생각은 자신은 정보를 발신하는 발신자가 아니라 수신자라는 입장을 가지고 있다는 것이다. 즉, 자신은 간부이기 때문에 아래에서부터 보고되는 정보를 취하기만 하는 위치에 있다고 생각하는 것이다. 이것이 조직 내에 팽배하다 보면 항상 보고를 위한 보고가 일어나고 그 후에 조직이 움직이는 결과를 낳게 된다.

셋째는 조직의 간부가 취하게 된 정보를 공유하지 않으려 하는 속성으로 인해, 원활한 정보의 흐름을 가로막는 결과를 낳는다는 점이다. 자신이 취하게 된 정보는 정보의 질을 판단하여 어디로 흘려보낼지를 적절히 판단하는 자세가 필요하나, 정작 공유하여야 할 정보를 공유하지 않고 자신만이 알고 있어 정보의 흐름을 차단하고, 이것이 결국은 업무추진에 있어 장애요인으로 작용하는 것이다. 그 피해는 결국 자신에게 돌아온다는 것을 많은 관리자들이 깨닫지 못하고 있다.

이는 많은 공조직의 간부들이 수집된 정보를 나름대로 해석하여 부하직원에게 업무지시를 할 경우에 이를 활용하는 것이 아니라, 자신이 알고 있는 정보를 바탕으로 업무만 지시하고 막상 부하직원이 지시된 업무를 완료하여 보고하면, 당초의 지시방향과 틀리다는 이유로 부하직원을 질책하는 실수를 비일비재하게 범하고 있다. 그리고는 그렇게 간단한 일도 제대로 처리하지 못하는 부하직원들과 함께 일하고 있는 자신의 처지가 한탄스럽다고 이야기하는 것이다.

이러한 현상을 해결하기 위해서라도 간부직원 스스로가 정보의 발신자가 되려는 노력을 기울여야 한다. 그 첫 번째 노력이 앞에서 제기한 인트라넷의 활용을 통한 정보발신기능의 강화이다.

❹ 지시하는 습관을 버리고 스스로 생각하게 하라

앞에서 이야기한 회의문화와 관련하여, 간부의 역할을 다시 살펴보자. 소위 일류기업이라고 하는 조직의 특성을 살펴보면 회의 준비에서부터 차이가 있다.

회의를 하기에 앞서 대부분의 회의준비는 회의참석자가 스스로 하는 것이 원칙이다. 간부가 참석하는 회의라고 하여 일정한 양식에 의거하여 회의 자료를 별도로 부하직원이 만드는 일은 찾아보기가 힘들다. 회의를 소집하기 전에 그 날 회의의 안건이 사전에 정해지는 것에 따라 회의에 참석하는 당사자가 그 내용을 자신이 중심이 되어 준비하는 것이 당연하며, 회의의 진행도 보고하는 회의와 토론하는 회의가 분명히 구분되어 있다.

보고하는 회의의 경우는 대부분이 사전에 조직의 장에게 구두 보고나 온라인 보고 시스템으로 인하여 부서별 진행상황이 이미 보고되어 있기 때문에 별도로 보고의 자리를 위해 전체를 소집하는 경우는 극히 드물다고 할 수 있다.

경우에 따라 전체 부서의 실적을 확인하여 격려하고 독려하는 자리를 위해 보고회의를 개최하는 경우도 있지만, 특정 안건에 대해 그 안건에 관계있는 사람들끼리 모여 회의를 진행하고 그들의 의견을 듣고 의사결정을 하기 위한 회의를 하는 경우가 대부분이다. 이것은 무슨 차이를 말하는가?

공공기관의 의사결정구조가 그만큼 경직되어 있음을 말하고 있으며, 업무권한의 위임 또한 제대로 이루어져 있지 않다는 것을 의미한다. 실제로 민선실시 이후 많은 자치단체나 공공기관에서 업무의 권한위임이 서류상으로는 많이 이루어져 있다. 하지만 이것이 제대로 지켜져서 활용되는 경우가 드물다는 데 원인이 있다.

권한위임이 이루어져 있더라도 간부들은 그 사항을 조직의 장에게 혹시나 하는 마음에 보고를 하여야 마음이 편하며, 그 와중에 조직의 장의 심중을 파악하기 위해 노력하는 것이 또한 사실이다. 이렇다 보니 서류상으로 이루어져 있는 권한의 위임은 있으나 마나 한 것이 되어버리고, 일일이 장에게 결재를 받고자 하는 과거의 관행이 되풀이되고 있는 것이다.

이러한 문화는 결국, 모든 권한의 중심이 조직의 장에게 집결되는 결과를 낳게 되며, 조직의 장은 이러한 관행을 용인해 주다 보니 나름대로 처리해야 할 업무가 계속 산더미처럼 늘어나는 것이다. 그래서 공공기관의 의사결정 과정을 보면, 하루면 끝날 일을 최고의사 결정권자의 결재까지 받으려고 하다 보니 그 시간이 하염없이 길어져서 통상의 프로세스가 늘어지게 되는 비효율적인 구조로 가게 된다. 이렇듯 조직의 책임자에게 지시를 받아 행하는 것이 몸에 배다 보니, 간부직원들조차 스스로 판단하고 결정내리는 것보다 지시에 의해 움직이는 것이 훨씬 마음이 편하다고 생각하며, 스스로 결정을 내려서 일이 잘못되어 자신이 책임지는 것을 두려워하는 풍토를 낳게 되었다.

간부가 창의적인 생각을 하지 않는데 부하직원들이야 더 말할 것도 없다. 새로운 일을 창의적으로 기획하여 추진하기보다는 지시에 의해 움직이는 것을 더 좋아하게 되고, 그러다 보니 본인의 능력을 개발하는 것에 무관심해지고 이는 결국, 조직전체의 경쟁력을 저하시키는 결과로 나타난다.

하지만 앞서가는 조직의 경우를 살펴보면, 위임된 권한은 스스로의 책임 하에 의사결정을 하고 그 결과에 대해서도 책임을 지는 풍토가 조성되어 있다. 그리고 스스로의 책임 하에 의사결정을 내린 일이 설사 잘못되었다 하더라도 그러한 과정에 있어서 부조리가 없는 한 이에 대해 크게 질책하지 않는 것이 관례이다.

오히려 다른 관점에서 실수한 것을 조직에 널리 알려, 나는 이러한 생각으로 업무를 추진하였으나 이 부분을 간과하여 결과적으로 일이 잘못되게 되었다는 식의 실패사례발표회 등을 통하여, 다음 기회에는 조직 전체가 이러한 실수를 답습하지 않도록 하는 분위기를 조성하고 있는 것이 현실이다.

그런데 공공기관은 스스로의 창의적 노력을 통하여 업무를 추진하고 그 결과가 좋지 않은 결과로 나타나게 되었을 경우 어떠한가? "내 그럴 줄 알았다!", "잘난 척하더니 꼴좋다.", "가만히 있으면 2등이나 하지 뭐 하러 일을 만들어서 사서 고생하느냐?" 하는 식의 비난이 여기저기서 터져 나오며 감사실에서는 혹시 부조리가 없었나 하고 사정의 칼을 들이대기가 일쑤다. 이렇다 보니 누구도 나서서 새로운 업무를 개척하고자 하는 노력을 기울이고 싶어 하지 않는 풍토가 조성되는 것이다.

이제부터라도 이러한 조직문화를 바꾸기 위한 노력을 기울여야 한다. 그러자면 가장 먼저 해야 할 일이 지시하는 습관부터 고치는 일이다. 지시하는 습관은 사람의 사고능력을 저하한다.

여러분의 자녀를 생각해보라. 매사를 지시하고 일일이 모든 것을 챙겨주었을 때, 어떠한 현상이 발생하는가? 부모의 지시 없이는 그 무엇도 스스로의 힘으로 할 수 없는 사람이 되는 것이다. 이러한 가정에서의 실수를 우리는 직장에서 똑같이 시행하고 있는 것이다.

조직의 구성원에게 생각하는 힘을 키워주기 위해서는 먼저 지시하지 말고 스스로 생각할 기회를 부여하자. 나름대로의 창의적인 업무추진을 할 수 있도록 분위기를 만들어보자.

추진해야 할 일이 생기면 아무리 사소한 일이라도 부하직원의 의견을 먼저 물어보고 그것을 이야기하게 하라. 처음에는 어색하고 시간이 걸리더라도 그것이 궁극적으로 살아있는 조직구성원을 보유하는 길이 될 것이다.

모든 공공기관의 조직에는 조직도 상에는 없는 별도의 직함이 있다. 그것은 바로 서무담당이다. 서무가 하는 일의 대부분은 바로 이러한 비생산적인 일을 하는 데 집중되어 있다. 당장은 어렵겠지만 조직에 있어 서무를 없앤다는 목표를 가지고 하나하나 바꾸어보자.

조직의 간부들은 그러자면 책상에 앉아서 보고를 받고자 해서는 안 된다. 우선은 움직이는 간부가 되어야 한다. 자신의 소관부서 조직구성원들이 결재서류를 가지고 찾아올 때까지 마냥 기다릴 것이 아니라 간부들이 직원들을 찾아가는 자세를 가져보자. 하루에 일정한 시간을 정해두고 직원들의 책상을 방문하라. 그들에게 찾아가서 업무상의 애로사항은 없는지, 요즘 주요추진업무는 무엇인지 스스로 파악하도록 하라. 그래서 직원 위에 군림하는 간부가 아니라 그들을 도와주는 조력자가 되라. 그것이 간부의 역할이다.

조직의 간부가 직원들에게 그들의 창의적인 생각이 무엇이냐고 묻게 되면 직원들은 고민을 시작한다. 고민을 시작한다는 것은 업무에 대한 공부를 시작한다는 것이다. 공공기관의 종사자들이 민간 기업과 대비하여 개인적인 업무능력이 떨어진다고 평가받는 이유는 바로 자기계발을 하지 않기 때문이다. 간부들이 그러한 기회를 여태까지는 스스로 박탈해온 것이다.

직원들의 의견을 구하고 그들의 생각을 물어보기 시작하는 것으로부터 직원들은 자기계발의 필요성을 느끼게 된다. 세상의 지식을 접할 기회를 찾으며, 그것을 업무에 활용하고자 서서히 노력하게 될 것이다. 더불어 간부직원들도 스스로 그들을 코치하기 위해 공부를 시작할 것이다. 이제는 지시하는 습관보다 물어보는 습관을 일상화하라.

ACTION 4 \ 회전의자에서 일어날 준비를 하라

여러분은 어떠한 상사로 부하직원들에게 각인되어 있는가? 부하직원들이 여러분을 생각할 때 가장 먼저 떠올리는 이미지가 무엇이라고 생각하는가? 전문성이 풍부한 간부, 업무추진력이 강한 간부, 세심한 간부, 권위 있는 간부, 유쾌한 간부 등의 여러 이미지 중에 어디에 해당한다고 생각하는가?

어떠한 이미지로 부하직원들에게 각인되어 있다고 여러분이 생각하더라도 명심해야 할 것은, 자신이 생각하는 여러분의 이미지와 부하직원들이 생각하는 여러분의 실제 이미지는 차이가 있다는 점이다. 하지만 많은 사람들이 자신이 생각하는 이미지와 부하직원들이 생각하는 이미지가 동일할 것이라고 믿고 있다. 실제 부하직원들은 자신이 모시고 있는 상사가 업무능력이 다소 떨어진다고 생각하고 있음에도 불구하고, 정작 본인은 자신이 업무를 잘하고 있다고 생각하는 것이다. 그러나 업무능력에 있어서의 이미지는 그 판단 기준이나 주관성에 따라 누구나 차이가 있기 때문에 이는 심각하게 생각할 사항은 아니다.

하지만 부하직원들이 당신을 화를 잘 내는 사람이라든지, 부하직원의 공을 가로채는 사람이라든지 하는 이유로 같이 어울리고 싶지 않은 사람으로 생각하고 있는 것은 문제가 된다. 이것은 여러분이 부하직원에게 인간적인 신뢰를 전혀 주고 있지 못하다는 차원에서 문제가 심각하다.

사람은 누구나 좋은 환경에서 좋은 사람들과 함께 일하기를 원한다. 좋은 환경이 조직의 여건상 구비되기 어렵다면 좋은 사람들과 일하는 것으로 이를 충분히 만회할 수 있다. 하지만 좋은 환경에서 근무하더라도 싫은 사람과 일하는 것은 힘들어한다. 더구나 그렇게 생각되는 사람이 상사일 경우에 문제는 더욱 심각해진다.

부하직원들이 이야기하는 좋아할 수 없는 상사의 기준은 사람에 따라 다양하게 제시되지만 공통적인 사항들로는 다음의 경우들을 들 수 있다.

■ 인간미가 없는 상사

이러한 유형은 직장은 일을 위해 모인 곳이라는 공적인 개념이 지나치게 강하여 인간적인 유대감을 맺지 않으려는 냉정한 상사를 말한다. 직장생활을 하는 사람이라면 누구나 직장 내에 마음을 터놓고 이야기할 수 있는 사람이 있었으면 하는 바람을 가지고 있다. 특히, 그러한 사람이 자신의 상사라면 더할 나위 없이 좋을 것이라는 것은 두말할 필요가 없다. 하지만 이러한 부하직원의 바람을 매몰차게 거절하는 냉정한 상사의 유형을 사람들은 별로 좋아하지 않는다.

물론 직장은 공적인 일을 위해 모인 자리이다. 하지만 그 관계도 인간이 모여 만든 조직인 것이다. 그 속에서 때로는 형처럼, 때로는 친구처럼 자신의 고민을 상담해 주고 자신을 진심으로 아껴주는 인간미가 있는 상사를 조직생활을 하는 사람은 원하고 있는 것이다. 자신의 배우자에게도 말 못할 고민을 기꺼이 들어줄 수 있고 그에 대한 조언을 아끼지 않는 멘토의 역할을 수행해주는 상사를 부하직원들은 좋아하는 것이다.

❷ 사람을 차별대우하는 상사

조직에서 직급이 높아지다 보면, 같이 근무하는 직원들을 평가할 수 있는 인사고과의 권한이 주어진다. 이러한 권한을 제대로 수행하기 위해 상사는 부하직원들을 평소에 그들의 업무능력이나 근무태도 등을 유심히 관찰할 수밖에 없다. 그러한 관찰을 통해 마음속으로 'A'라는 직원은 업무능력이 어떻고, 'B'라는 직원의 업무능력과 근무태도는 어떠하다는 식의 평점을 마음속에 지니게 된다. 이는 상사로서 어찌할 수 없는 상황이지만 문제는 이러한 마음속의 생각을 겉으로 드러내서 표현하는 사람이 있다는 것이 문제이다. 특히, 다른 사람이 보기에도 그 상사가 유달리 어여삐 여기는 직원이 누구인지 표가 날 정도로 차별을 하는 경우가 있다.

사람은 조직생활을 하며 누구나 인정받기를 원한다. 그래서 자신이 하고 있는 업무가 가치 있는 일이며 그 업무수행의 결과로 상사에게 칭찬을 받았을 경우, 자신의 위상을 확인하는 것 같아 기쁨을 느끼는 것이다. 그런데 이러한 직원들의 기본적인 욕구를 무시하고 다른 직원들이 모두 보는 앞에서 유달리 한 사람만을 편애하는 것은 다른 사람들의 근무의욕을 떨어뜨린다.

또한, 반대의 경우에도 마찬가지다. 무슨 일을 하더라도 그 사람이 했다는 이유로 못마땅해 하는 사람이 있을 경우, 당사자는 근무할 의욕을 잃어버리게 된다. 무슨 이유에서인지 몰라도 한 사람에 대해 선입견을 가지고 그 사람을 대하여서 다른 사람이 보기에 안쓰러울 정도로 당사자를 몰아붙이는 경우, 당사자뿐만 아니라 다른 직원들도 그 상사에 대해 좋지 않은 감정을 가질 뿐만 아니라 근무할 의욕도 떨어지게 만든다.

❸ 칭찬과 비판을 할 줄 모르는 상사

'무골호인(無骨好人)'이라는 말이 있다. 이래도 좋고 저래도 좋아서 마냥 사람이 좋은 것처럼 보이는 사람을 말한다. 조직 내에서도 이러한 사람이 있다. 이는 부하직원을 대할 때도 될 수 있으면 좋은 게 좋은 것이어서 싫은 소리를 하지 않으려는 사람이다.

본인은 싫은 소리를 하지 않고 혼자서 다 감내하기 때문에 부하직원들이 모두 자신을 좋아하리라 생각하지만, 정작 부하직원들은 그렇게 생각하지 않는다. 업무상의 실수를 저질러도 그럴 수 있다는 반응이고 근무 태도가 불량해도 지적을 해주지 않아 부서의 기강이 흐트러져 오히려 싫어하는 것이다.

사람은 누구나 인정을 받고 싶어 하는 반면, 손해 보기를 싫어한다. 자신이 노력하여 업무성취를 이루어냈을 경우에는 상사로부터 따뜻한 칭찬의 말을 듣고 싶어 하며, 반대로 자신이 나태해지거나 잘못을 저질렀을 경우에는 인간적인 충고를 듣고 싶은 것이 당연하다. 특히, 자신의 동료가 항상 근무태도가 나태한 모습을 보여도 상사가 그에 대해 아무런 제재를 가하지 않으면, 성실한 자신이 손해 보고 있는 것 같은 느낌마저 가지게 된다. 상사의 기본 역할 중의 하나가 칭찬과 비판을 적절히 잘 사용하는 것이다.

업무성과를 낸 직원에 대해서는 공개적으로 칭찬을 하고, 근무태도나 업무실적이 미미한 직원에 대해서는 비공개적인 비판을 해주는 것이 상사의 기본 책무이다.

❹ 실력이 없는 상사

자신과 함께 일하는 상사가 윗분들한테 늘 질책을 당하는 사람이라면 부하직원은 고달프다. 다른 부서의 사람들에게서 "너희 과장 오늘도 깨졌다며, 과 분위기 좋지 않겠네" 하는 비아냥거림을 들어야 하고, 또 그렇게 깨진 상사의 눈치를 살피느라 하루 종일 사무실에서 크게 웃지도 못하기 때문이다. 이렇게 윗사람에게 늘 질책을 당하는 상사와 일을 하는 경우에는 업무상의 도움을 받을 수가 없음은 물론이요, 자신이 열심히 준비한 보고서도 상사가 보고를 잘못하여 그 여파가 자신에게까지 오기 때문에 같이 일하기가 싫어지는 것이다.

사람은 참 좋은데 업무추진의 측면에서는 영 아닌 상사와 같이 일할 경우에는 더더욱 힘들어진다. 차라리 인간성도 나쁘고 업무실력도 없는 경우에는 미워할 수라도 있지만 이런 경우는 그래도 사람이 좋기 때문에 속으로 삭일 수밖에 없는 것이 부하직원의 입장이다.

⑤ 자기 고집이 강한 상사

A 자치단체를 컨설팅할 때의 일이다. 각 부서별로 혁신시책을 추진하라는 단체장의 지시가 있어 이를 자치행정과의 혁신담당부서에서 전 부서에 대해 일정양식을 주고 혁신시책을 제출하라는 공문이 시달되었다. 이에 각 부서에서는 각자 부서의 실정에 맞는 혁신시책을 만들어 제출하였다. 그런데 기획예산과에서 또다시 각 부서에 대해 금년도에 지역주민들에게 내세울 수 있을 만한 시책을 부서별 실정에 맞도록 제출하라는 공문이 시달되었다.

결국 각 부서에서는 자치행정과에서 내라는 혁신시책은 무엇이며, 기획예산과에서 내라는 시책은 무엇인지에 대해 실무담당자에게 문의를 하게 되었다. 그 이유인즉 기획예산과에서 내라는 것은 연말에 시민들에게 우리 자치단체가 이런 시책을 추진하였다는 것을 홍보하기 위한 것이고, 자치행정과에서 내라는 것은 내부적인 혁신시책이라는 대답이 돌아왔다. 그런데 두 부서에서 제출하라고 한 것의 취지가 사실은 크게 다를 바가 없어서 막상 제출한 시책들을 살펴보니, 서로 중복되는 것을 형식만 달리해서 제출한 경우가 많았다. 즉, 똑같은 내용을 말만 바꾸고 제출양식만 바꾸어서 두 개의 부서에 제출한 것이다.

외부인인 컨설턴트가 보기에는 두 개의 것을 하나로 통합하여 보다 내실 있는 시책을 추진하는 것이 훨씬 더 효율적으로 보였지만, 실무자의 입장에서는 과장이 지시한 사항을 하지 않을 수도 없어서 그대로 시행하게 된 것이다. 그러다 보니 막상 실무부서에서는 두 부서가 동일한 일을 추진해서 실무부서를 귀찮게만 한다는 불만이 터져 나왔던 것이다.

이 일의 내막을 들여다보면, 부서 이기주의와 부서장의 고집이 이러한 일을 있게 한 가장 큰 요인이라고 할 수 있다. 실무자는 그 사안에 대해 일찌감치 자치행정과와 협력하여 하나의 안건으로 같이 추진하자고 주장하였지만, 결재의 과정에서 실무자의 의견이 무시된 것이다. 공조직에 있어 이렇게 상사가 쓸데없는 고집을 부리게 되면, 조직 내에서의 문제로 끝나는 것이 아니라 예산의 낭비나 업무의 재처리문제 등이 발생한다. '내가 직급이 높기 때문에 무조건 나의 의견이 맞다' 라는 생각을 버릴 줄도 아는 융통성 있는 상사가 부하직원의 신망을 얻는다. 내가 의견을 굽히는 것이 마치 부하 직원에게 지는 것처럼 생각하는 사람은 절대 자신의 주장을 굽히지 않는다. 이러한 사람은 부하직원들을 하나의 인격체로 대하는 것이 아니라 업무수행을 위한 사람으로만 인식하고 있는 경우가 많다.

높은 지위에 오를수록 자신의 의견을 굽힐 줄도 알아야 한다. 쓸데없는 고집을 피워 무리한 추진을 하는 것은 자신뿐만 아니라 부서원의 가슴에도 멍을 남기기 때문이다.

❻ 부하의 공을 가로채는 상사

간부회의를 마치고 나온 상사가 다급한 목소리로 업무지시를 한다. "시장님께서 이 사안을 3일 내로 보고하라고 하셨습니다. 업무에 바쁜 줄 알지만 특별지시사항이니만큼 여러분께서 수고를 좀 해주어야겠습니다." 부서의 직원들은 회의를 통해 일을 분담하고 자료수집과 타 시군의 사례들을 조사하며 꼬박 이틀을 야근을 해가며 기한 내에 보고서를 과장의 책상에 가져다놓는다.

직원들이 작성한 보고서를 들고 시장실로 간 과장은 의외로 시장님으로부터 보고서를 일목요연하고도 깊이 있게 잘 작성했다는 칭찬을 받는다. 기분이 좋아진 과장은 사실은 자신이 이틀 동안 꼬박 야근을 해서 만든 보고서이며, 직원들에게 자료조사와 벤치마킹을 철저히 하라고 지시해서 작성된 보고서라고 이야기를 한다. 그리고는 앞으로도 이러한 업무가 있으면 본인에게 맡겨달라고 자신 있게 이야기를 하고 나온다.

부서로 돌아온 과장은 또 다른 모습을 보여준다. 시장님께서 별다른 말씀이 없었느냐는 직원의 말에 그냥 무사히 잘 끝났다고만 이야기를 하는 것이다. 하지만 부속실의 동기로부터 자기 부서의 과장이 칭찬을 받았다는 이야기를 전해들은 실무자는 심한 배신감을 느낀다.

자신의 상사를 통해 이런 경험을 하게 되면, 직원들은 다음부터 그 상사가 지시하는 일은 열과 성을 다하지 않으려 한다. 어차피 열심히 해봐야 과장 자신의 공으로 모든 것을 가로챌 것이기 때문에 대충 하는 시늉만 보이게 되는 것이다.

부서에서 잘못한 부분은 자신이 나서서 내 탓이라고 부하직원을 감싸주어야 하며, 부서에 대한 칭찬이 있을 경우에는 '우리 부서의 직원들이 이 일을 열심히 추진해서 그런 것이다'라고 부하직원의 수고를 높여주어야 한다. 잘못한 것은 부하직원 탓이고, 잘한 일은 자신이 열심히 일한 탓이라고 생각하는 상사와는 일하고 싶어 하지 않는다. 당장은 부하직원들이 모를 것 같지만, 세상에 비밀은 없는 것이다. 부하직원의 공을 가로채는 상사는 언젠가는 드러나게 마련이다. 간부가 보여주는 같이 일하고 싶지 않은 상사의 유형 중에 다른 어떤 유형보다 극심한 혐오감을 부서원들로부터 받을 것이다.

반대로 부하직원의 허물은 감싸고 부하직원의 공을 높이는 경우에도 마찬가지다. 부하직원들이 언젠가는 상사의 진심을 이해한다. 그리고는 더욱더 인간적인 신뢰를 느껴 함께 근무하는 것을 자랑스러워 한다.

이 밖에도 공과 사를 구분하지 못하는 상사, 부하를 믿지 못하는 상사, 자기희생은 죽어도 하지 않으려는 상사, 'No'라고 말하지 못하는 상사 등의 유형이 있지만 앞에서 제시한 여섯 가지 유형이 가장 빈도가 높게 나타나는 유형들이다. 이러한 상사와 일하는 직원들은 그 상사가 다른 부서로 발령이 나거나 그만둘 날만을 손꼽아 기다린다.

여러분이 과거에 함께 일했던 상사의 모습을 떠올려보라. 이상의 유형에 해당하는 상사와 일할 때의 기분이 어떠했는가? 지금 내가 혹시 과거에 그토록 싫어했던 상사의 모습이 되어 있지는 않은가를 반문해보라. 시간은 흐른다. 여러분이 지금까지 열심히 일한 덕분으로 지금의 지위까지 올라왔다면, 그래서 지금의 자리가 그토록 여러분에게 소중하다면 자리에 대한 미련을 버리기 바란다.

여러분의 선배를 생각해보라. 재직시절에는 그렇게 직원들을 못살게 굴던 사람들도 지금은 어떤 모습인가? 그 사람과 함께 하는 시간이 영원할 것처럼 느껴져 사표를 내고 싶었던 여러분들이었지만, 지금은 어떠한가? 조직에 있어서 영원한 것은 없다. 여러분의 자리도 마찬가지다. 언젠가는 여러분이 물러나야 할 때가 온다. 지금 여러분의 자리는 잠시 앉았다 일어나는 회전의자와 같다. 여러분이 물러나야 할 그 날을 위해서라도 같이 일하고 싶지 않은 상사의 유형에 해당되는 어리석은 행동은 하지 말아야 한다.

부하직원들을 진심으로 아끼고 그들의 용기를 북돋워주기 위해 희생하라. 그것이 여러분이 할 일이다. 지시하고 명령하고 통제하는 것이 여러분의 역할이 아니다. 인생의 선배로서 조직의 간부로서 여러분의 역할을 제대로 인식하기 바란다.

여러분이 과거에 선배들로부터 당한 일은 여러분의 가슴에 묻어두라. 여러분이 퇴직한 후에 후배들이 여러분에 대한 평가를 어떻게 내릴지를 염두에 두고 일을 하라. 그래야 퇴직 후에도 제 2의 인생을 활기차게 준비할 수 있다. 높은 지위에 있던 사람은 야인으로 돌아갔을 때 적응하는 기간이 필요하다고 한다. 늘 섬김을 받는 것이 습관이 되어, 막상 야인이 되면 그 혜택이 없어진 것에 당황하여 평범한 사람으로 생활하는 것에 그만큼 어려움을 겪는다는 것이다. 이것은 절대 바람직한 모습이 아니다.

조직생활을 하면서 여러분에게 주어지는 간부로서의 혜택에 연연해하지 마라. 언젠가는 사라지는 것이다. 오히려 직원들에게 봉사하는 마음으로 간부의 역할을 수행하라. 그것이 여러분의 인생을 풍요롭게 하는 것이다.

지속가능한 발전의 마인드

21세기는 산업 고도화의 급물살 속에 잃어버린 인간성을
찾고자 하는 욕구가 본격적으로 발현되는 시기이다.

숨 가쁘게 사는 바쁜 일상을 뒤로 하고
가치로운 인생의 의미를 찾고 싶어 하는 시대이며,
인간답게 사는 것이 무엇인지 그 근본적인 물음에 대한
대답을 얻고 싶어 하는 사람이 많아지는 시대이다.

그래서 제2의 인생은 정신적 가치의 발견을 목적으로
스피드의 강조에서 느림의 미학을 찾게 될 것이며,
자연과 더불어 살아가는 어메니티(amenity)가 중시되는 시대가 될 것이다.

이러한 욕구의 흐름에 대응하고 지속가능한 발전을 위해서는
이야기와 마음의 안식이 있어 정신적 가치의 추구가 가능한
그러한 지역개발이 필요하다.
이것이 21세기 우리나라의 지방자치단체가 새롭게 가져야 할
발전의 패러다임인 것이다.

MIND 1 \ 고객의 개념을 넓혀라

지방자치제도가 시작된 지도 벌써 십 년 이상이 지났다. 민선지방자치제도를 시행하면서 우리나라 지방자치단체는 저마다 지역의 발전을 위해 많은 노력을 기울여 왔으며, 그 성과도 적지 않게 나타나고 있다고 할 수 있다.

지방자치제도를 시행한 이래 가장 큰 성과 중 하나는, 무엇보다도 지방행정에 있어 지방자치단체가 존재하는 이유와 해야 할 근본적인 일들이 무엇이며, 지방자치단체의 고객이 누구인지를 정확하게 인식하게 되었다는 것이다. 과거의 관선행정시대에는 중앙정부 각 부처의 정책이나 지침을 효율적으로 집행하는 것이 가장 중요한 일이었다. 하지만 민선지방자치제도가 시행되면서 행정에 서비스산업이라는 개념이 도입되고, 더불어 경영의 개념이 도입되어 그야말로 지방행정의 여러 분야에서 많은 변화가 나타나게 되었다.

이제 민선지방자치제도의 시행과 더불어 21세기에 새로운 도약을 이룩해야 하는 시점에서, 우리는 지금까지와는 다른 중대한 패러다임의 변화에 대해 심각하게 고민해보아야 한다. 이러한 변화를 유발하는 여러 요인 중 가장 중요한 첫 번째 요인은 인구구조의 변화이며, 이와 관련하여 지방자치단체가 첫 번째로 바꾸어야 할 중요한 개념이 바로 고객에 대한 정의이다. 그동안은 지방자치단체의 고객이 지역주민이라는 데 이의를 제기하는 사람이 없었지만 미래상황과 현실을 살펴보면, 이제는 개념의 수정이 필요한 때이다.

인구구조의 변화를 예측하고 대비하자

세계인구가 65억 명을 넘어섰다. 이러한 세계인구는 1900년대보다 무려 네 배나 증가한 인구라고 한다. 미국의 상무부 소속 통계국에 따르면 조만간에 세계인구는 70억을 돌파하리라는 예측이며, 2050년에 이르러 94억 명을 정점으로 점차 감소할 것이라고 한다.

65억 명의 인구 중에 우리나라의 인구는 남한이 겨우 4,800만을 차지하고 있을 뿐이며, 그나마 사회 전반적인 저출산으로 인해 향후 점차 인구가 줄어들 것이라고 예견되고 있다. UN이 발표한 미래인구추계를 살펴보면, 우리나라는 2050년에 평균연령이 지금의 35.1세에서 53.9세로 세계에서 가장 고령화된 국가가 될 것이라고 예측하고 있다. 또한 일각에서는 우리나라의 인구가 세계에서 가장 심각한 출산율 저하를 지속한다면, 현재의 4,800만에서 2050년에는 3,500만으로 줄어들 것이라는 섬뜩한 예측도 나와 있는 실정이다.❺

이렇듯 인구의 규모와 인구의 구성연령이 변하게 된다는 것은, 향후 우리 지방행정에 있어서 굉장히 큰 패러다임이 변하게 된다는 것을 의미한다. 지금도 농촌지역의 기초군의 인구는 고령화현상이 심각하며 인구의 규모가 5만도 채 되지 않는 기초군이 수두룩하다.

이러한 지역의 가장 큰 고민은 인구를 어떻게 유입하여 지역을 발전시켜 나갈 것인가 하는 것이다. 아니 여기서 한걸음 더 나아가, 오히려 현재의 인구를 어떻게 줄어들지 않도록 하여 지역사회를 유지시켜 나가야 할 것인가가 더 정확한 고민이라고 할 수 있다. 이렇듯 심각한 상황임에도 불구하고, 우리는 이러한 미래현상에 대한 예측 없이, 현재를 위한 행정을 펼쳐나가는 데에 무게를 두고 있는 지방자치단체를 많이 볼 수 있다.

아직 우리 군에는 군민을 위한 체육관도 하나 없는 형편이니, 여성회관이나 문예회관 등 기초적인 시설도 없는 형편이니 하면서 이러한 공공시설을 짓는 데에 예산을 마련하기 위해 많은 노력을 기울인다.

하지만 20~30년 후 군민의 수가 지금의 반으로 줄어들었다고 생각해보자. 그것도 절반 이상이 60을 넘긴 노인들이라고 생각했을 때에도 지금과 똑같이 이런 소리들을 하고 있을 것인가. 문예회관, 체육관, 여성회관 등의 공공시설을 하나 짓는 데만 수십 억의 세금이 투입된다. 현재도 많은 자치단체가 보유한 이러한 공공시설이 제대로 활용되고 있지 못한 경우가 부지기수다. 하물며 미래에는 더욱 그럴 것이다. 이제는 이런 하드웨어 위주의 사고방식은 고쳐져야 한다.

물론, 이런 소리를 하는 사람들의 입장도 나름대로의 이유가 있다. 하지만 이웃 자치단체가 체육관을 가지고 있다면 같이 활용할 수도 있지 않은

---

⑤ 통계청에서는 4,200만으로 추산하고 있다.

가? 또 이웃 자치단체가 여성회관을 가지고 있다면 그것을 빌려 활용해도 되지 않는가? 지역주민들의 자존심이 상하게 어떻게 그러한 생각을 할 수 있느냐고 이야기할 수도 있다.

하지만 이제 지방자치단체의 지상과제가 무엇인지? 더 이상 지방자치단체는 현재의 지역주민만을 가지고 발전을 논의하기에는 그 사정이 너무나 열악하다. 이러한 열악한 사정에 비추어볼 때, 지방자치단체는 이제 고객의 개념을 새롭게 정의하고 그에 따른 발전방향을 설계해야 한다.

기업가적 마인드로 고객을 확대하자

이것은 앞서 이야기한 바가 있지만 지역주민을 고객으로 보지 말라는 관점이 아니며, 새로운 관점으로 접근하자는 것이다. 고객도 여러 부류가 있다. 고객이 무엇인가? 고객은 어떤 기관이나 조직, 기업 혹은 개인이 제공하는 상품이나 서비스의 최종적인 향유자가 고객이라고 할 수 있다.

이러한 개념에서 보면 지역이 살기 위한 고객은 누구인가? 바로 그 고객은 지역의 공무원과 지역주민이 힘을 합쳐 생산해내는 다양한 종류의 상품이나 서비스를 구매하는, 광범위한 범위의 소비자가 지역의 고객이라 할 수 있다. 그래서 지방자치단체는 이제 고객의 개념을 바꾸어야 한다는 것이다. 기존의 지역주민을 위한 사업 일변도에서 벗어나 그 지역을 찾고 그 지역의 상품을 구매하는 우리나라 국민 모두, 아니 더 나아가서 세계인이 지방자치단체의 고객이 되어야 한다.

이러한 패러다임의 전환이 있어야 21세기 국가 간의 무한경쟁체제에서 살아남을 수 있는 길을 발견할 수가 있을 것이다. 이는 기존 고객이었던 지역주민을 버리라는 말이 결코 아니며, 지역주민은 보다 광의의 고객을 위해 함께 일하는 내부고객 즉 동지요, 파트너라는 것이다. 이제 지방자치단체는 이러한 개념에서 지역주민과 같이 머리를 맞대고 지역의 발전을 위한 그림을 주민참여와 더불어 다시 그려야 한다. 장기적인 발전을 고민하는 자리에 현재의 욕구를 충족하는 일들은 잠시 접어두어야 한다.

지방자치단체를 하나의 기업으로 생각해보자. 기업이 무엇인가? 고객이 있어야 기업은 존재할 수 있다. 기존의 지역주민을 고객으로 규정하였을 경우와, 지역주민을 내부고객으로 규정하고 그림을 그릴 때에는 전혀 다른 구도의 그림이 나온다. 기업은 사람과 자본 상품을 가지고 고객을 창출한다. 지방자치단체가 고객의 개념을 이렇게 큰 개념으로 전환하였을 경우, 지방행정이 해야 할 업무도 큰 변화를 가져올 수 있다. 중앙정부에서도 지방행정에 복식부기를 비롯한 다양한 경영기법을 도입하고 있지 않은가? 이것은 무엇을 시사하고 있는가? 지방행정도 기업가적인 마인드에서 경영을 해야 한다는 것을 의미한다.

이제부터라도 고객의 개념을 전환하여 큰 그림을 새롭게 그리고, 이를 실행하기 위한 치밀하고도 전략적인 계획들을 하나하나 구체화시켜보자.

전 세계인이 우리의 고객이다

세계는 이제 국경의 의미가 무색해지고 있다. 지금 우리나라에는 다른 나라에서 이민을 와서 우리의 국민이 된 사람들이 많이 있다. 하나의 도에서만 추산해보더라도 약 1,500가구 이상이 이민자 가정을 이루고 있다. 그들도 우리의 국민이며 지역주민이다.

이렇게 새로이 합류한 지역주민을 위한 프로그램의 개발과 시행도 지방자치단체의 업무가 되었다. 그들의 가정에서 태어난 2세들이 성장하는 데에 있어 나타날 수 있는 갈등요소들을 미리 점검하고 그에 대한 예방책을 실시해야 하는 것도 지방자치단체의 역할이다. 이러한 역할을 인식하지 못하다가 뒤늦게 사회문제가 되고 난 뒤에 사후약방문격으로 법석을 떨어보아야 때는 이미 늦다. 하지만 안타깝게도 우리는 이러한 문제에 대해 체계적으로 준비하고 있지 못하다. 줄어가는 인구를 늘리기 위한 대책을 세우는 것도 중요하지만 새롭게 유입된 지역주민에 대한 프로그램도 더불어 갖추고 있어야 한다.

전후시대에 태어난 베이비붐 세대들은 은퇴 후 해외로 나가 여생을 즐기는 것에 대해 큰 거부감이 없다. 경제적인 조건과 마음이 맞는 사람만 있다면 은퇴 후 해외에서의 인생도 적극적으로 검토할 만하다는 것이다. 이러한 생각은 우리나라 사람들만이 가지는 것이 아니다. 향후 지방자치단체가 세계인을 고객으로 생각하고 그에 맞는 상품만 개발한다면 우리나라에도 경제적인 여유가 있는 외국인들을 얼마든지 유치할 수가 있다. 그래서 근시안적인 개발에 급급하지 말고 미래를 보고 준비를 하자는 것이다. 머지않아 태어난 곳과 거주하는 곳의 개념이 국경이라는 울타리를 벗어나는 시기가 온다. 그 때에 사람들이 생각하는 거주지의 첫 번째 선택기준은 자신의 가치를 실현할 수 있는 지역의 개념이 될 것이다.

즉, 정신적인 가치추구와 육체적인 건강을 줄 수 있는 메리트(merit)를 충분하게 보유하고 있는 지역이라면 인구의 유출이 아니라 적극적인 인구의 유입이 일어나도록 할 수도 있다는 것이다. 모든 것은 어떠한 시각으로 바라보느냐에 달렸다. 일시적인 관광 상품의 개발이 중요한 것이 아니라, 장기적인 관점과 확대된 고객의 개념에서 지역을 어떻게 가꾸어나갈 것인지를 깊이 있게 연구해야 한다.

한국적인 아름다움과 정이 살아있는 공간으로 세계의 고객들을 초대할 수 있는 그런 마인드를 가지고 지역의 미래모습을 구상해보자. 그것이 우리 지방자치단체가 미래를 위해 지금 당장 해야 할 일이다.

M^{IND} 2 \ 행정구역의 개념을 버리자

65억 명 이상이 사는 지구의 전체면적은 약 1억 4,800㎢이며, 이 중에 남북한을 포함한 우리나라의 면적은 약 22만㎢에 불과하다. 이러한 국토의 넓이는 러시아, 캐나다, 중국, 미국, 브라질, 호주, 인도 등의 세계 7대 거대국토 보유국가와 비교하면 아주 작은 것이다.

이러한 좁은 땅에서 행정구역에 집착한다는 것은 참으로 우물안 개구리와 같은 생각이다. 즉, 우리가 지금 이야기하고 있는 우리 군의 넓이는 전국에서 몇 번째 크기이고 하는 것은 아주 지엽적인 이야기라는 말이다. 그래서 고객의 개념을 확대하면, 행정구역의 개념도 바뀌어야 한다.

지방자치단체 간에 연합된 축제를 만들어보자

그간의 지방자치단체에서 행해온 발전 전략들을 살펴보면, 이웃 자치단체와의 연합을 통해 더 큰 고객의 개념을 끌어들이기 위한 노력보다는 나홀로 전략을 구사해왔다. 물론 민선에 접어들어서 지리산권이라든지, 섬

진강변이라든지 하는 자치단체를 중심으로 연합하여 활동한 사례들도 있었다. 하지만 여전히 많은 자치단체에서는 우리 자치단체만의 전략을 구사하며 끼리끼리의 경쟁을 벌여온 것이 사실이다.

그러다 보니 어떠한 현상이 벌어졌는가. 어느 자치단체에서 '겨울축제를 통해 재미를 좀 봤다더라' 하면, 이와 유사한 겨울축제를 너도 나도 만들어서 진행하는 양상이 벌어졌다.

차라리 유사한 겨울축제를 개최할 것이라면 찾아오는 손님의 입장에서 생각하여 이웃 자치단체끼리 연합하여 일정한 테마를 주제로 공동 축제를 기획할 생각은 왜 하지 않는가? 겨울방학에 가족단위의 여행객을 대상으로 자치단체끼리 연합하여 4박 5일의 일정을 소화할 수 있는 매력적인 겨울축제를 기획할 수도 있는 것이다. 하지만 이러한 생각보다는 서로가 자기 자치단체에 손님을 유치하려는 경쟁을 벌였던 것이 우리의 실상이었다. 다행스럽게도 이제는 이러한 행태에서 벗어나 차별화된 축제를 위해 다양한 고민을 하고 있으며, 주민들의 참여로 이루어지는 축제를 위해 행정기관이 나서고 있다.

이러한 행태는 모두 공급자의 입장이 우선시되어 나타난 결과들이다. 고객위주의 접근방식을 택한다면 자치단체가 다르다고 해서 공동으로 축제를 기획하지 못할 이유가 없다. 그것이 찾아오는 고객들에게도 훨씬 더 다양한 볼거리와 문화를 소개할 수 있는 방법이다. 여름 해변에서 아이스크림 장사를 하는 경우에도 가게가 밀집되어 있어야 오히려 장사가 더 잘된다. 또한 밀집된 가게들이 제각기 특색 있는 아이스크림을 판매하는 경우라면 더더욱 손님들은 즐거워진다. 모처럼 시간을 내어 찾아온 손님들에게 지역의 인지도를 높이고 선택할 수 있는 즐거움을 안겨주기 위해서라도 자치단체가 연합하여 공동으로 기획한 축제를 시도할 때가 되었다.

인접한 자치단체끼리 연합하여 공무원들이 머리를 맞대고 손님들에게 어떻게 즐거움을 줄 것인가를 기획하고, 지역주민들과 더불어 실행전략을 짠 후, 축제를 알리기 위한 마케팅도 공동으로 실시하는 것이다. 이러한 방법으로 축제를 실시할 경우, 현재의 예산보다 훨씬 절감된 예산으로 축제를 개최할 수가 있을 것이다. 기획비용이나 마케팅 비용이 홀로 실시할 경우보다 훨씬 더 절감되기 때문이다. 축제의 규모 또한 커질 수 있을 것이며 내용의 다양성은 재론할 필요가 없다.

축제를 하는 목적을 '우리 자치단체도 지역축제를 가지고 있다' 라고 과시하기 위함이 아니라면 이제 행정구역의 개념을 버리고 고객의 입장에서 새로운 방식으로 접근해보자. 그것이 우리나라 국민만을 대상으로 한 것이 아니라 세계인을 상대로 기획되는 것이라면 더더욱 바람직한 축제의 기획이 될 것이다.

이야기를 중심으로 한 지역개발

지역개발에 있어서도 마찬가지다. 이제는 하나의 자치단체에서 그 지역만을 대상으로 하는 하드웨어 중심의 개발 행태를 그만두어야 한다. 경쟁적으로 숙박시설을 짓고 경쟁적으로 레저시설을 건설하는 것은 장기적으로 보아 결코 도움이 되지 못한다. 세계인을 대상으로 통할 수 있는 테마가 중심이 된 지역개발을 꿈꾸어야 하며, 그 특성도 규모의 대형화가 아닌 한국적 어메니티(amenity)의 요소가 가미된 그러한 개발을 구상해야 한다.

몇 개의 자치단체가 공통의 테마를 가진다면, 그것을 연합하여 더욱 특색 있게 할 수 있는 방안이 무엇인지를 적극적으로 검토해야 한다. 테마를 개발하고 스토리를 구상하여 공동으로 접근할 수 있는 전략을 고민해야 한다. 그래서 이웃 자치단체와 서로 윈윈(win-win)할 수 있는 상생의 방안을 찾아야 한다.

인기 있는 인터넷 게임들을 살펴보자. 젊은 세대에게 각광받는 가상의 게임 세계에서도 스토리가 탄탄한 게임들이 인기를 끌고 있다. 우리나라의 게임 산업이 전 세계적으로도 경쟁력을 가질 수 있는 것은 바로 이러한 탄탄한 스토리를 가지고 있기 때문이다. 한류열풍을 보더라도 우리나라의 연예인들이 예쁘고 잘생겼다는 이유 하나로 그토록 열광하는 것은 아니다. 우리 배우가 출연한 드라마의 탄탄한 스토리에 빠져들어, 배우들을 볼 때 그 드라마에 이입된 그들의 감정으로 좋아하는 것이다.

이러한 현상은 무엇을 말하는가? 이는 곧 지방자치단체의 지역개발 방향을 설계하는 데에도 중요한 시사점이 되는 것이다. 우리 지방자치단체가 시설을 중심으로 한 하드웨어 중심으로 개발을 지속한다면, 이는 세트장만 멋있게 만들어 놓은 드라마에 지나지 않는다. 멋있는 세트장은 한번 보면 그만이다. 또한 그러한 세트장은 다른 기관에서 돈을 더 들여 더 크고 웅장하고 화려하게 짓게 되면, 사람들은 곧 그곳으로 몰려가게 된다.

이것이 중요한 사실이다. 이제는 이러한 형태의 지역개발을 없애고 스토리를 만들어야 한다. 스토리가 알찬 드라마를 자치단체의 손으로 만들기 위해서는, 지엽적인 행정구역의 개념에 사로잡혀서는 스케일이 크고 재미있는 드라마를 만들 수가 없다. 필요하다면 국가 간에도 국경을 넘나드는 것이 현실인데, 자치단체간의 경계가 무슨 의미가 있겠는가?

이제는 충실한 스토리를 위해 자치단체간의 경계를 허무는 공동의 전략이 필요하다. 먼저 스토리를 구상하고 테마를 구상한 자치단체가 앞장서서 상생의 길을 제시하자. 아리랑을 테마로 하여 지역개발을 구상할 수도 있는 것이며, 별을 테마로 하여 지역개발을 구상할 수도 있는 것이다. 다만 이러한 테마를 이용하여 어떻게 이야기를 만들어갈 것이냐가 중요하다.

별을 테마로 하였다고 해서 여기저기에 별을 관찰할 수 있는 시설을 많이 건설하라는 것이 아니라 별과 관련한 이야기를 만들어내는 것이 우선이라는 것이다. 각 별자리별로 우리의 전통과 관련한 이야기를 찾아내거나 만들고 그것을 지역의 특성에 맞추어 접목시키라는 것이다. 그래서 '이 마을은 이런 전설이 있는데 그것이 어느 별자리와 관련된 전설이며, 서양의 이야기와는 어떤 연관성이 있다' 라는 식으로 이야기를 만들고 그것을 구현할 방법을 기획해보자는 것이다. 마을에서 별자리와 비슷한 형태를 지닌 지형이 있으면 그에 대한 탐사코스도 만들어볼 수 있다. 또한 마을별로 별자리 해설사도 양성하고 별자리를 기념할 상품도 만들고 음식도 만들어 찾아오는 사람들이 동화속의 세계를 체험할 수 있도록 하자는 것이다. 그리고 별자리를 관측할 수 있는 천문대를 통해 추억을 만들 수 있도록 한다. 이것은 천문대를 우선 지어놓고 별을 보러 오라는 식의 발상과는 차원이 다르다.

이러한 접근방식은 전 세계인을 대상으로 해서도 경쟁력을 가질 수 있다. 세계인들이 별과 관련한 독특한 테마의 체험을 위해 우리 지역을 찾을 수 있도록 만들 수 있다. 이것은 기획을 어떻게 하느냐에 달려 있다. 우리 지방에서만 실시해야 한다는 아집을 버리고 목적을 위해서 공동으로 노력할 수 있다는 생각만 가지면 얼마든지 가능한 일이다. 그래서 이제는 행정구역의 개념을 버려야 할 때가 왔다. 그것이 저물어가는 오늘의 석양을 기쁜 마음으로 보내고 밝은 내일의 태양을 기다릴 수 있는 지혜가 될 것이다.

MIND 3 \ 지역발전의 패러다임을 바꾸자

우리나라의 인구 대부분이 대도시를 중심으로 한 도시지역에 거주하고 있다. 즉, 전체 인구의 85%가 도시지역에 거주하고 있다. 이는 국토의 89%가 농촌지역인 우리나라의 현실을 감안할 때, 매우 심각한 문제가 아니라고 할 수 없다. 행정구역 표기상의 도시지역에 해당하는 동(洞)지역이 불과 10.9%에 불과한 우리의 현실에서, 약 15%의 인구가 90% 가까운 토지를 관리하고 있다고 보아도 무방하다. 특히, 산림이 64%, 농경지가 18.5%, 기타지역이 17.5%인 우리 국토의 형편을 감안할 때, 이러한 국토이용의 불균형은 여러 가지 국가적인 비용을 유발시킨다고 볼 수 있다.

더욱이 농촌지역의 고령화 속도를 감안하면 머지않아 우리나라는 노인들이 국토의 대부분을 관리하는 기현상을 낳게 될 것이다. 이러한 현상을 방지하고자 정부에서는 국토의 균형개발을 국가정책의 주요 골자로 삼고, 이를 위한 각종 정책들을 개발하여 시행하고 있으며, 지방자치단체 또한 이를 위한 각종 아이디어들을 발굴하고 있다.

하지만 아직까지 이렇다 할 뾰족한 대안을 만들고 있지 못하며, 인구유

입을 위한 실질적인 대책도 내놓고 있지 못한 상황이다. 정부가 시행하는 인위적이고 물리적인 정책은, 거둘 수 있는 효과에 분명 한계가 있다. 더구나 그로 인해 발생할 수 있는 여러 가지 사회적인 문제점들도 간과할 수가 없다. 낙후된 지역의 발전을 도모하기 위해 다양한 노력을 기울여야 하는 것이 지방자치단체의 과제이지만 이제 지역발전에 대해 가져온 그간의 접근방법을 냉정하게 돌이켜보고 새롭게 정립해볼 필요가 있다.

먼저 치열하게 고민하라

전라남도 보성군의 사례를 살펴보자. 전라남도의 보성하면 떠오르는 이미지가 있다. 바로 보성녹차이다. 지금에야 보성녹차하면 전 국민이 모두 알 정도로 유명해졌지만 과거의 보성녹차는 지금과 같은 인지도를 얻지 못했었다. 심지어 녹차재배단지의 지역주민들은 녹차의 판로가 없어 녹차밭을 모두 갈아엎어버리려고 마음먹을 정도였다.

하지만 지금은 어떠한가? 녹차하면 보성이라는 이미지가 굳어져 녹차를 재배하는 농가들은 고소득을 올리고 있다. 불과 몇 년 사이에 상황이 이렇게 바뀌어 버렸다. 이것은 무엇을 이야기하는가? 하루아침에 이러한 결과가 저절로 얻어졌는가? 그렇지 않다. 이러한 결과의 배경에는 보성군 공직자들의 숨은 노력이 있었기에 가능한 일이다.

녹차를 대중적인 기호품으로 만들고, 보성녹차를 알리기 위한 공직자들의 노력이 있었기에 이러한 현실이 가능했던 것이다. 상대적으로 지명도가 낮았던 보성녹차를 알리기 위해, 지리적 품질표시등록제를 제일 먼저 인정받으려고 노력한 끝에 이를 달성해냈으며, 농가를 참여시켜 품질을 꾸준히 향상시켰고, 또한 제품 홍보를 위해 여러 가지 다양한 활동을 전개하였다. 인기드라마였던 「왕건」 드라마에 보성녹차를 소개하는 장면을 넣거나, 모 회사의 광고 배경으로 녹차밭을 등장시켜 자연스럽게 녹차를 알리는 노력을 통해 오늘의 결실을 맺은 것이다.

하지만 이러한 노력들은 기존의 공공기관이라는 입장에서 살펴보면 하지 않아도 되는 일들이었다. 굳이 이러한 일들을 하지 않더라도 월급은 나오는 것이며, 누구도 그들의 본분을 충실히 하지 않았다고 질책할 수는 없는 일이다.

그렇지만 그들은 노력했다. 지역주민과 머리를 맞대고 무엇이 지역의 발전을 위해 필요한 것인가를 끊임없이 고민하여 이룩해낸 것이다. 지역의 발전을 위해 체육관이나 복지시설을 하나 더 짓는 것이 중요한 것이 아니라, 외부의 고객들이 보성을 찾아와 지역주민의 소득을 높일 수 있는 방법이 무엇인지를 고민한 것이다.

이제 우리 지방자치단체는 국가의 균형발전과 지역의 발전을 이룩하기 위해 공공기관이라는 인식을 전향적으로 바꾸어야 한다. 기업가적인 마인드를 가지고 행정을 이끌어 나가야 하는 것이다. 이것이 향후 우리 지방자치단체가 10년, 20년이 지나 세계의 지방자치단체와의 경쟁에서 살아남을 수 있는 방법이다. 공무원이 치열하게 고민하면 국민이 행복해진다. 할 수 있다는 생각으로 머리를 맞대고 고민하다 보면 길은 보이게 마련이다.

개발지상주의를 버리자

현재 지방자치단체에서 시행되고 있는 각종 지역개발사업들의 실상을 들여다보자. 정부에 사업비를 요청하는 각종 개발 프로젝트들의 차별성이 담보되어 있으며, 20년 아니 30년 나아가 50년 이후를 내다본 프로젝트를 추진하고 있는가? 지방자치단체가 지역현황에 대한 정확한 분석과 향후 세계경제 및 인구의 트렌드(trend)를 분석하고, 그에 더하여 지역발전주체의 역량까지 감안하여, 이러한 프로젝트들을 치밀하게 추진하고 있는가? 단체장의 재임기간 중에 가시적인 성과를 보여주기 위해, 단기간에 걸쳐 아이디어를 내놓고 이를 포장하여 중앙정부에 예산을 요구하는 사업이 주류를 이루고 있는 것은 아닌가? 그리고 확보한 정부예산은 예산확보의 노력에 걸맞게 합리적으로 집행되고 있으며, 그 예산집행의 효과성을 검증하는 시스템이 제대로 구동되고 있는가? 지방자치단체의 공무원은 개발 프로젝트의 타당성과 효과성을 철저히 검증하여, 예산의 확보가 우선이 아니라 국가 전체적인 관점에서 소속 자치단체의 프로젝트를 추진하고 있는가? 또한 정부는 지방자치단체에서 신청한 사업에 대해, 국가적인 차원에서의 경쟁력 향상이라는 명제에 맞는 사업인지를 철저히 분석하여, 지역발전을 위한 차별성 있는 사업들을 걸러내고 있는가?

이제 우리는 냉정하게 생각해볼 필요가 있다. 이러한 하드웨어 우선의 국토개발이 얼마나 큰 효과를 거둘 수 있을 것이며, 얼마나 오랫동안 지속 가능한 사업이 될 수 있을지 생각해보아야 한다. 과거 우리는 온천지로 신혼여행을 다녀오던 시기가 있었다. 그 당시 대규모로 건설된 온천단지가 오늘날의 불황을 겪게 되리라고 누구도 상상하지 못하였다. 하지만 현실은 어떠한가? 보다 나은 시설과 서비스로 무장한 온천들이 개발되면서 이전의 온천단지는 사람들이 잘 찾지 않는 적조한 곳이 되어버렸다. 이것이 하드웨어 중심의 개발이 초래한 결과이다.

우리나라를 떠나 이웃 일본과 중국까지도 같은 시장의 개념에서 경쟁시장으로 포함시켜 생각한다면 이것은 더욱 자명해진다. 중국은 청도에 세계최초로 최대 규모의 해저 호텔을 건축하겠다는 계획을 발표한 바가 있으며, 단일 골프장으로는 세계최대 규모의 골프장도 건설하였다. 이는 무엇을 말하는가? 우리가 가지고 있는 지리적인 특성과 자원 현황을 감안할 때, 하드웨어적인 접근은 더 이상 시장에서 통할 수 없음을 의미한다. 이는 우리나라의 지방자치단체를 찾아오는 외국고객들도 우리에게 그러한 대규모의 하드웨어를 기대하고 찾아오는 것이 아니라는 점에서 그 시사점은 더욱 분명해진다.

이제부터라도 진지한 고민이 이루어져야 한다. 우리가 팔고자 하는 가치가 무엇인지에 대한 개념부터 분명히 해야 한다. 서비스나 상품을 팔고자 하는 사람이 철학 없이 장사하는 것은 프로 장사꾼이라 할 수 없다. 우리지역을 찾는 사람에게 어떠한 가치를 팔 것인지 진지하게 고민해야 한다.

우리나라의 농가 소득은 2003년을 기준으로 볼 때 농업소득이 19조 5천억 원이었으나 농외소득은 불과 5조 7천억 원에 불과했다. 하지만 이웃 일본은 2002년에 이미 농가소득에 있어 농업소득이 42조 8천억 원인데 반해, 농외소득이 49조 5천억을 넘어섰다. 이것이 무엇을 말하는지 우리는 유념해 보아야 한다. 농외소득이 농업소득을 상회하고 있다는 것이 무엇을 의미하는지, 그 의미를 정확히 파악해야 한다. 농촌은 더 이상 농산

품을 생산하는 생산 공간으로서만 존재하지는 않는다. 이는 산업화가 진행될수록 농촌이라는 공간은 그 조명의 방법에 따라 다양한 형태로 제시될 수 있음을 의미한다.

2004년부터 우리나라에 시작된 웰빙(well-being)바람은 무엇을 의미하는가? 사람들은 웰빙이 추구하는 바의 본원적인 의미는 망각한 채 건강에 대한 관심만을 증폭시켰다. 이전에는 찾아볼 수도 없었고 기획을 하였다 하더라도 아이디어에 그치고 말았을 건강관련 프로그램이 넘쳐나고 있다. 이러한 현상은 무엇을 말하는가? 경제활동을 위해 조직이라는 기관 속에 함몰되었던 개인의 주체성을 찾기 위한 눈물나는 투쟁이 아니라고 할 수 있는가? 조직이라는 역학관계 속에서 스트레스를 받는 현대인들이, 정신적인 건강을 강조하는 웰빙이 본래 의미에서 벗어났다 하더라도, 조금이라도 건강해야 나를 돌아볼 수 있는 시간을 벌 수 있다고 생각하는 눈물겨운 투쟁이 아니고 무엇인가?

이렇게 변질된 웰빙 열풍은 결국 그 본원적인 정신적 건강을 충족시키고자 하는 또 다른 형태의 신드롬으로 번질 것이며, 그 신드롬은 향후 농촌이라는 공간을 통해 실현될 가능성이 가장 크다고 할 수 있다. 이러한 트렌드는 향후 우리나라뿐만 아니라, 선진 국가들의 공통된 현상이 될 수 있을 것이다.

하지만 안타깝게도 이러한 트렌드를 예견하고 지역발전을 기획하고 있는 자치단체는 유감스럽게도 많지 않다. 이것이 문제이다. 도심생활 속에 갇혀 있던 자아를 발견하고자 하는 현대인들이 똑같은 회색공간 속에서 자아를 발견하고자 하겠는가? 삶의 공간도 사각이요, 일터도 사각인 현실에서 벗어나 원의 가치, 넉넉함의 가치, 두루뭉술한 풍요를 얻고자 하는 사람들에게 사각의 효율성이 무슨 효용을 지니겠는가?

그들은 마음의 안식을 넉넉함에서 찾을 것이며, 나눔에서 찾을 것이요, 비움에서 찾을 것이다. 이러한 그들의 트렌드를 이제는 읽을 줄 알아야 한다. 그래야 우리 지방이 살 수 있는 길이 열린다. 공기업이 이전하고 행정부가 이전한다고 해결될 일이 아니다. 그러한 요소는 똑같은 사각형의 효율이 이전해 오는 것이므로 궁극적인 해답이 될 수 없다.

농촌은 농촌의 넉넉함과 나눔과 비움의 철학을 간직해야 한다. 그래야 사람들이 몰려올 것이다. 이는 향후 지역개발을 논함에 있어서도 이러한 철학이 가미되어야 한다는 것을 의미한다. 도시인들의 생활위주로 설계된 시설이 아닌 넉넉함과 비움과 나눔의 철학으로 설계되어야 한다.

농촌을 체험하기 위해 방문한 도시아이들에게 산골 할아버지가 장에 나가 소시지를 사다가 밥상에 올려주는 실수를 해서는 안 된다. 그들이 바라고 원하는 것, 그리고 그들에게 가르쳐주어야 할 것은 뒷산의 산나물이 어떤 맛을 지니고 있으며, 그 산나물 이름은 무엇이고 우리네 조상들은 이를 어떻게 활용했는지를 들려주고, 그 참맛을 알 수 있도록 해주어야 하는 것이다.

이제 더 이상 개발만이 살길이라는 생각을 버리자. 그것도 하드웨어 중심의 개발이 꼭 필요하다는 생각을 버리자. 그러한 고민을 할 시간에 우리 고장의 전설이 무엇이고, 천연자원이 무엇이며, 우리 고장의 동식물이 무엇인지를 조사하자. 그래서 이야기를 만들고 이야기를 느낄 수 있도록 하는 소프트웨어 중심의 개발을 해나가자.

전국의 지방자치단체가 그 지역만의 특색 있는 이야기를 만들어가는 미래, 얼마나 토속적이고 한국적이며, 도시인들을 끌어안을 수 있을 것이며,

세계인들을 포용할 수 있는 모습이 될 것인가?

정부의 도움 없이도 할 수 있다

우리나라 지방자치단체들의 공통된 고민 중의 하나는 재정자립도의 문제이다. 아직도 변변한 지역의 소득원이 없는 지방자치단체는 재정자립도가 20%를 넘지 못하는 경우가 수두룩하다. 사정이 이렇다보니 많은 자치단체가 스스로의 힘으로 무엇을 하고자 하여도 할 수 있는 재원이 없어, 꿈도 꾸어보지 못하는 경우가 생긴다. 따라서 이러한 자치단체는 중앙정부에 손을 벌릴 수밖에 없으며, 중앙정부에 잘 보이기 위해 아양 아닌 아양을 떨어야 하는 웃지 못할 상황이 벌어진다.

반면 재정자립도가 튼튼한 일부 지방자치단체는 중앙의 눈치나 통제를 받지 않고 오히려 중앙정부에 큰 소리를 치는 상황이 벌어지기도 한다. 이러한 현상이 지속되다 보니 지방자치단체 간에도 빈익빈 부익부 현상이 가중되어, 진정한 지방자치제도의 시행을 위해서는 지방의 재정자립도를 균등하게 할 수 있는 방안이 시급히 확립되어야 한다는 목소리가 나오고 있는 것도 사실이다.

이러한 와중에 일부 자치단체는 탄탄한 재정력을 바탕으로 무리한 사업을 추진하다가 난개발문제라든가, 국가적으로 볼 때 중복투자 사업을 추진하는 경우도 불거져 나온다. 반면에 재정자립도가 취약한 지방자치단체는 중앙정부의 재정적 지원 없이는 지역개발을 자체적으로 실시할 엄두도 내지 못하고 있다. 그래서 정부예산을 한 푼이라도 더 확보하고자 열을 올리는 것이다.

하지만 지방자치단체로부터 신청을 받아서 시행하고 있는 지역개발사업의 세부적인 내용들을 들여다보면 어떠한가? 그러한 사업 아이템들이 민간 기업이나 투자자의 입장에서 보더라도 충분히 사업성이 담보되어 있었는가를 생각해보자.

돈의 흐름은 돈이 되는 것을 찾아가게 마련이다. 하지만 지역개발을 위한 사업 아이템의 개발에서 이러한 시장성의 논리는 외면되어 왔다. 그러한 아이템들을 가지고 민간투자자를 유치해 본 경험이 있는가? 물론 투자유치를 위한 로드쇼도 개최하고 향우들을 대상으로 한 설명회도 개최하였지만, 실제로 성공한 케이스를 찾아보기 힘들다. 이는 무엇을 이야기하는가? 그만큼 사업성이 떨어지기 때문에 외면을 당하는 것이다. 그럼에도 불구하고 그러한 사업아이템을 정부의 예산으로 추진하겠다는 것은 무슨 의도인가? 일단 만들어놓고 그 다음에 생각하자는 것이 아닌가?

민간투자자들로부터 외면 받는 사업아이템은 시장성이 크지 않다고 보아도 무방하다. 이제부터라도 사업의 아이템을 개발하기 위해서는 좀 더 적극적인 개념으로 접근해야 한다. 과연 우리 지방자치단체가 하고자 하는 개발 프로젝트가 민간의 투자자가 보더라도 충분히 사업 메리트가 있어 기꺼이 돈을 투자하고 싶을 정도의 아이템인가를 재차 검토하고 진행시켜야 한다.

우리나라에 '공룡'을 주제로 한 개발프로젝트는 또 왜 이렇게 많은가? 고고학적인 의미가 아무리 충분하다 할지라도 지방자치단체가 스스로 나서서 너도나도 공룡박물관을 지어야만 될 정도로 그 사업이 가치 있는 사업인가? 또 그러한 사업이 각 유적지마다의 독특한 테마와 연계성은 확보되어 있는가? 또한 마니아(mania)의 입장에서 볼 때 충분한 탐구가치를 느끼게 할 정도인가?

이제 지역개발사업의 개념을 재정립하자. 무조건 개발하고 보자는 식의 지역개발사업은 지양되어야 한다. 우선 정부의 예산이 있으니 그에 맞춘 사업계획서를 만들어내고, 그것을 각종 지역연고 인사나 국회의원을 동원하는 각종 로비를 통해 사업을 따내고 보자는 식의 접근방식은 그만두어야 한다. 일본이 거품경제의 붕괴에 대응하기 위해 정부발주 건설사업을 중심으로 경기부양책을 실시하다가 쓴 경험을 한 사실을 우리는 주목해야 한다. 경기활성화를 명목으로 투여되는 공적자금은 그 실효성이 담보되지 않을 경우 언젠가는 비난을 받게 된다. 후세들에게 부끄럽지 않은 노력을 이제부터라도 기울이자.

먼저, 우리가 시행해야 할 일은 민간투자자도 군침을 흘릴 사업계획서를 만드는 것이다. 그러한 사업계획서를 먼저 만들면 굳이 정부의 지원 없이도 사업 추진이 가능하다. 찾고자 한다면 길은 얼마든지 있다. 국내의 자금이 부족하다면 외국의 자본도 탄탄한 사업계획만 있다면 얼마든지 끌어올 수 있다.

중요한 것은 지방자치단체가 자신감을 가지고 장기적 관점의 사업계획서를 먼저 만들어 내는 것이 급선무인 것이다. 크게 보고 차근차근 준비하는 자세를 이제는 가져야 한다.

MIND 4 \ 시스템이 중요하다는 생각을 버리자

전국 지방자치단체의 조직도를 한자리에 모아놓고 살펴보자. 어느 자치단체의 조직도인지를 표시하지 않고 살펴본다면 과연 자신 있게 이것은 어느 도의 어느 자치단체의 조직도라고 구별해낼 수 있는가? 전국 250여 개의 자치단체가 각기 지니고 있는 자원이 다르며, 지역의 특산품 또한 다르고, 지역에 사는 주민과 공무원조차 다름에도 불구하고 각각의 조직도를 살펴보면 그 차이를 발견하기가 어렵다.

이것은 무엇을 말하는가? 중앙정부의 지침 때문에 어쩔 수 없는 현상이라고 말하기에는 지방자치의 역사가 이미 그런 시간은 충분히 담보하였다. 중앙정부에서도 지방의 특성에 따라 어느 정도의 자율성은 인정하고 있다. 하지만 하나같이 비슷한 이름과 비슷한 수의 구성원을 두고 있다. "우리 자치단체는 제일의 가치로 여기는 것이 지역 살리기이기 때문에 부서의 무게 중심이 기획감사실이나 자치행정과가 아닌 지역살리기과에 모든 역량이 결집되어 있습니다"라고 이야기하는 자치단체를 본 적이 없다. 행정을 모르기 때문에 이런 이야기를 하는 것이 아니다. 이것도 중요하고, 저것도 중요하고 지방행정은 종합행정이기 때문에 어느 것 하나 중요하지 않은 것이 없다는 것은 알고 있다. 하지만 차별성을 이야기하는 것이다.

차별성을 가진 조직이 경쟁력을 확보할 수 있다. 아이스크림을 생산하는 기업이면 생산품목에 맞게 모든 기업의 조직이 유사해야 하는가? 그렇지는 않은 것이 생존의 현장에서 살고 있는 기업의 특징이다. 지방자치단체도 마찬가지다. 중앙의 지침이나 지방행정의 특성을 우선 이야기하는 것은, 시스템이 그러하기 때문이라는 강박관념에 얽매여 있는 결과이다. 결국은 사고방식 즉, 의식의 문제인 것이다.

시스템은 수단이다

많은 사람들이 조직의 발전과 관련하여 시스템을 이야기한다. 좋은 시스템을 구비하고 있으면 그것이 만능인 것처럼 이야기한다. 하지만 그렇지 않다. 물론 시스템은 중요하다. 그렇지만 보다 중요한 것은 의식이다. 시스템은 제대로 된 의식의 바탕 하에서 제대로 구동하게 된다. 시스템은 의식수준보다 반보 앞서서 설계되는 것이 가장 효율적인 시스템이라는 말이 있다. 참으로 맞는 말이다. 과거에 중국이 국가발전을 이룩하기 위해 버스 광고판에 '머리를 감읍시다' 라는 계몽성 문구를 왜 인쇄하였겠는가? 국가발전을 위한 첫걸음은 국민의 의식개혁에서 비롯된다고 정확히 보았기 때문이다. 머리를 감지 않는 상태의 국민의식은 나태함의 의식이다. 이것부터 고치고자 버스에 '머리를 감읍시다' 라는 문구를 새긴 것이다.

아무리 좋은 사무환경을 구비하고 1인 1컴퓨터를 구축하여도 기존의 업무관행을 버리지 않으면 무용지물이다. 가장 큰 문제는 시스템이 아니라 바로 의식인 것이다. 지방자치단체에 성과평가나 목표관리시스템이 도입된 지도 벌써 오랜 시간이 지났다. 더구나 이제는 BSC 시스템의 도입까지도 일반화되고 있다. 하지만 이러한 시스템을 제대로 활용하고 있는 지방자치단체가 몇이나 있는가? 아직도 지침을 타령하고 있으며, 지방행정에 맞지 않는 제도라는 불평만 늘어놓고 있지는 않은가? 여전히 주무부서의 7급이 모든 목표를 설정하고 서류를 작성하여 형식적인 진행을 하고 있지 않은가?

우수한 시스템이 만능이라면 많은 고민을 하여 정부에서 시행한 이러한 시스템이 그 성과를 높이고 있어야 한다. 하지만 현실은 그렇지 않다. 시스템을 운영하기 위한 의식이 변하지 않음으로 인해 새로운 시스템이 애물단지가 되어버린 것이다. 주어진 시스템에 대해 우리 자치단체의 실정에 맞게 운영하기 위해서는 어떻게 하는 것이 올바른 운영방안인지를 심각하게 고민하고, 정착시켜야 한다는 것을 지상과제로 인식하여 노력하는 것이 제대로 된 의식을 가진 공무원의 자세이다. 하지만 이런 고민을 치열하게 전개하고 전문가의 도움을 받아서라도 제대로 정착시키고자 노력해 본 자치단체가 과연 몇이나 있는가? 다시 말하지만 시스템이 문제가 아니라 생각이 문제인 것이다. 적극적인 생각의 전환이 필요한 때이다.

인재의 육성에 사활을 걸어야

직원들이 적극적인 사고방식을 가지기를 원한다면 무엇보다도 교육에 힘써야 한다. 우리 지방자치단체의 교육예산은 민간기업의 인재육성 투자

금액과는 비교가 되지 않을 정도로 열악하다. 하지만 어쩔 수가 없다. 가난한 살림이라고 사람을 키우는 일을 게을리할 수는 없다.

사람을 키워야 미래가 보인다. 우리가 눈부신 발전을 이룬 것도 사람 때문이 아니던가? 10년 후의 지방자치단체, 20년 후의 지방자치단체를 생각해서라도 열심히 사람을 키우자. 이는 지방자치의 백년대계를 위해서라도 꼭 필요한 일이다. 도로를 깔고 도시를 정비하는 일도 중요하지만 더욱 중요한 것이 공무원을 육성하는 것이다. 초일류기업으로 인정받는 기업이나 일류행정을 구현하는 선진국들의 지방정부에는 항상 우수한 인재가 있다.

단체장이 뛰어나다고 앞선 지방자치단체가 되는 것에는 한계가 있다. 적극적인 마인드를 가지고 일을 겁내지 않는 든든한 공무원들이 뒷받침되어야 일류 지방자치단체를 만들 수 있다. 직원들이 일을 제대로 하기 위해서 새로운 시스템을 도입하여 운영하는 것이 제일 중요하다는 생각은 버리자. 새로운 시스템 도입은 직원들에게 동기부여를 시킬 수 있는 긍정적인 방향에서 검토해야 하며, 관리하고 통제하기 위한 시스템의 도입은 피해야 한다.

일류 기업들이 새로운 경영혁신기법이 소개되면 이에 대한 컨설팅을 적극적으로 받는 이유는, 바로 직원들의 체질을 강화하기 위해서이다. 훈련을 통해 새로운 시각에 눈을 뜨게 만들기 위해서 많은 예산을 들여 컨설팅을 받는 것이다. 그리고 결과적으로는 어떠한 새로운 기법이 소개되더라도 스스로의 힘으로 그 기법을 소화해낼 수 있는 능력을 직원들이 구비하는 것을 목표로 삼는다.

결국, 조직을 움직이는 것은 사람이며, 성과를 창출하는 것도 사람인 것이다. 유능하고 적극적인 마인드를 가진 사람을 양성하기 위한 투자를 아까워해서는 지방자치의 발전은 요원할 수밖에 없다.

MIND 5 \ 다시 존경받는 공직자의 위상을 위해

공무원이라는 말의 의미는 무엇인가? 국가 또는 지방자치단체의 사무를 맡아 공익을 위해 일하는 사람을 지칭한다. 그런데 이 말이 시대에 따라 혹은, 국가적 상황에 따라 연상되는 개념이 다르게 느껴지는 것은 무슨 이유인가?

공무원에 대한 존경심이 있는 경우도 있고, 공무원에 대해 권위를 느끼는 경우도 있고, 엘리트집단이라고 생각하는 경우도 있으며, 혁신의 대상이라고 느끼는 경우도 있다. 똑같은 용어인데도 왜 이런 차이가 발생하는가? 공무원의 입장에서 보면 공무원 신분인 것을 자랑스럽게 생각하는 경우도 있고, 반면에 공무원인 것을 썩 자랑스럽게 생각하지 못하는 경우도 있다. 모두 다 같은 말임에도 불구하고 왜 이런 차이가 발생하는 것인가?

이것은 그 사회의 시대상을 반영한다고 해도 과언이 아니다. 개발도상국을 방문해보면, 그 나라의 공무원들은 대단한 자부심을 가지고 있는 것을 흔히 볼 수 있다. 국가의 발전을 자신들의 두뇌와 노력으로 이룩한다는 생각에서 가지는 자부심이며, 이들 국가들은 하나같이 공직자의 선발과 육성에 엘리트주의를 채택하고 있다.

이들은 지금도 국가를 발전시키기 위해 밤낮없이 일하며, 국가비전을 달성하기 위해 많은 노력을 기울이고 있다. 말레이시아를 방문했을 때 느꼈던 것이 그들의 그러한 자부심이며, 대한민국을 10년 안에 추월하겠다는 국가비전달성을 위해 대단한 긍지를 가지고 국민들을 계몽하는 그들의 모습에서 공직자임이 자랑스러울 수밖에 없다는 생각을 가지게 되었다. 중국은 어떠한가? 중국의 공무원들 또한 세계의 중심이 되겠다는 원대한 비전을 가지고 50년 단위의 계획을 세워 그것을 하나씩 실천해간다는 자부심이 대단하다.

우리도 우리의 역사를 되돌아보면 공직자임이 무한히 자랑스러웠던 때가 있었다. 그것은 70년대를 전후하여 오직 잘살아보겠다는 국가적인 과제를 중심으로 새마을 운동의 기치 아래 그것을 직접 현장에서 실천하던 때가 있었다. 이는 무엇을 말하는가? 공직자가 자랑스러울 때는 반드시 국가적인 비전이 뚜렷했다는 것이다. 하지만 지금은 어떠한가? 국가적인 비전이 뚜렷한가? 유감스럽게도 현재의 상황은 그렇다고 말할 수는 없다.

경쟁 국가들은 앞을 다투어 국가의 미래비전을 설정하고 목표 달성을 위해 숨 가쁘게 노력하고 있는 이때, 우리는 지금 집안에서 밥그릇 싸움만 일삼고 있는 형국이다. 국민들은 정치에 대해서 이제는 화가 나는 지경을 벗어나 오히려 무감각해져 관심이 없어지는 단계로까지 접어들었다.

그 어느 누구도 우리나라의 10년 후는 이렇게 변해 있을 것이고, 20년 후는 이렇게 바뀌어 있을 것이라는 청사진을 제시하지 못하고 있다. 이렇다 보니 국민들은 개인적인 부의 추구에 온 관심이 쏠려 우리 가족만 잘 먹고 잘 살면 된다는 식의 이기주의적인 웰빙(well-being)열풍이 불고 있는 것이다. 이러한 사회현상의 근본원인은 국가적인 비전이 없는 것이 가장 큰 원인이라고 할 수 있다.

이웃 일본은 어떤가? 잃어버린 10년의 세월 동안 그들은 거품경제의 허상을 경험하였다. 그 와중에 엘리트 집단으로 추앙받던 공직사회에 대한 신뢰가 무너지는 현상도 목도하였다. 공직자가 공금으로 골프장 회원권을 소유하고 경주용 말을 소유하는가 하면, 외무공무원은 공금을 유용하여 개인적인 용도로 사용하는 도덕성의 추락까지 보여주었다. 하지만 지금은 세계 2위의 경제대국 부활을 외치며 목표 달성을 위해 매진하고 있지 않은가?

그런데 우리는 지금 무엇을 하고 있는가? 우리나라에서 공직자의 위상은 어떠한가? 우리는 국민들로부터 한없는 존경을 받고 있다고 이야기할 수 있는가? 우리 자치단체는 뚜렷한 비전을 가지고 미래의 청사진을 위해 이렇게 열심히 일하고 있다고 이야기할 수 있는가? 그래서 공직자 하면 떠오르는 이미지가 안정된 직장이 아닌 정말 열심히 일하는 사람이라는 이미지를 가질 수 있도록 만들고 있는가?

공직자의 의미는 어느 순간 복지부동의 대명사가 되었으며, 고리타분함의 대명사가 되었고, 법 조항에 얽매이는 사람이라는 이미지가 되어버렸다. 이제 관료주의를 벗어던지고 미래를 위해 매진해야 할 때이다. 그것이 스스로를 자랑스럽게 생각할 수 있게 만드는 지름길이다. 그렇게 하기 위해서는 공직자는 스스로에 대한 부정적인 이미지를 벗어던져야 한다.

울타리를 허물어라

70년대의 우리나라는 헐벗고 가난했다. 국민들은 내일의 끼니를 걱정하고 자녀의 학비를 걱정했다. 그러한 환경에서 국가가 제시한 잘 살아보자는 목표는 국민들의 가슴 속에 열정을 불러일으켰으며, 하나의 목표를 위해 뭉치게 만들었다. 새벽 종소리를 들으며 잠에서 깨어 허리띠를 졸라매고 열심히 일했다. 그러한 노력에 힘입어 우리는 오늘날의 발전을 이룩한 것이다.

공통의 목표를 위해 전진하던 그 시대의 공무원은 그야말로 엘리트의 전형이었다. 현장을 다니며 정부의 정책을 전파하고 주민들을 지도하던 그들은 그 마을에서 제일 똑똑한 전문가였기에 그들의 말에 이의를 제기하는 사람은 없었으며, 그들의 논리에 반박하는 것은 상상할 수가 없었다. 물론 역사적으로 서슬이 퍼런 군부시절이었기에 가능한 이야기라고 할 수도 있지만 당시의 국민들은 공무원들처럼 많이 배우지도 못하였고 그들처럼 행정에 대해 잘 알지 못하였다. 국가경제가 그들의 전략에 의해 발전을 이룩해내자 이러한 신뢰는 더욱 깊어졌다.

하지만 이제는 상황이 바뀌었다. 배를 곯아가며 자식들을 공부시킨 부모세대는 우리 사회의 노년층이 되었고 열심히 공부한 자식들이 사회의 중추세력을 이루고 있다. 이들은 자식을 위해 희생한 부모님 덕에 높은 수준의 지식을 받아들였고, 숱한 격동의 시기를 거치면서 사회를 보는 통찰력도 가지게 되었다. 그리고 그들의 자녀들이 또다시 사회에 진입하고 있는 시대를 맞이한 것이다. 세대가 바뀜에 따라 교육의 수준은 더욱 높아졌으며, 민주화의 진행과 더불어 세상의 정보도 더욱 개방이 되었다. 더구나 정보화의 발달로 인해 수평적인 정보의 교류가 빛의 속도로 이루어지고 있는 세상이 된 것이다. 그리고 경제의 성장과 더불어 경쟁은 더욱더 치열해져 노력을 게을리 하면 언제든지 도태될 수밖에 없는 그런 환경에서 살고 있다.

이러한 변화와 더불어 공직자에 대한 위상도 바뀌어 갔다. 과거의 존경받는 위상에서 안정된 직장인의 대명사로 그리고 혁신의 대상으로까지……, 시대적 상황에 따라 공직자의 위상은 변해 왔다. 이렇게 변해 온 공직자의 위상을 다시 높일 수 있는 방법은 무엇인가? 보는 관점에 따라 여러 가지를 제시할 수 있겠지만, 가장 먼저 해야 할 일로 필자는 울타리 허물기를 제안하고 싶다. 과거처럼 국민의식이 성숙되지 못하고 지적수준도 낮았던 시대의 발전지상주의체제 아래에서는 공무원이라는 신분과 사명감만으로도 공무원의 역할을 수행하는 데에 아무런 문제가 없었지만, 지금처럼 국민의 기대수요가 높아진 상황에서는 그러한 요소는 더 이상 가치를 생산하는 중요한 덕목이 아니라 기본요소에 불과하다. 급박한 환경의 변화와 국민수요의 팽창속도를 감당하기에 근면과 성실이라는 덕목은 너무나 기초적인 도구가 되어버렸다.

민간부문은 생존과 발전을 위해 새로운 도구의 탐색과 채택을 전개하며, 경쟁력을 강화하기 위한 역량개발을 치열하게 전개해 왔다. 이에 반해 행정은 안정성과 형평성이라는 안락한 울타리를 벗어나지 못함으로써 시대적 변화의 조류에서 뒤처지고 있다. 모두가 울타리를 허물고 발전을 위한 노력을 치열하게 하며 세계와의 교류를 활발하게 전개하고 있는데, 나 홀로 고립되어 과거의 이야기만을 되풀이한다면 뒷방 노인네 취급을 받게될 것이다. 그래서 더 이상 사람들은 탁월한 식견으로 모범을 보이는 마을의 리더로 대접하는 것이 아니라 답답한 은둔자로까지 생각하게 될 것이다. 이제라도 울타리를 허물고 나와 그들과 어울려 새로운 변화를 위해 열심히 노력해야 한다.

시험에 한번 합격함으로 인해 평생 신분의 안정성을 보장받는 최대의 메리트가 오히려 공직자들에게 최대의 독이 되고 있다. 인재 채용은 조직의 미션수행에 적합한 적임자를 선발하는 데 그 목적이 있다. 조직의 미션이 다양화되고 고도화될수록 그에 대한 채용방식도 탄력적으로 운용되어야 한다. 또한 새로운 미션의 수행에 있어 필요한 전문가를 채용하는 데에 있어서도 이러한 융통성은 동일하게 발휘되어야 한다.

과거 행정이 민간의 시스템보다 효율적으로 운용되고 전문가를 많이 보유하고 있던 시절, 민간은 어떠한 경로가 되었든지 간에 행정에서 전문가를 받아들이는 융통성을 발휘하였다. 그것이 정부의 조치에 의하였다 하더라도 그 시대에 공직자는 전문성을 갖춘 집단으로 인정을 받았다. 하지만 지금은 상황이 역전되었다. 그럼에도 불구하고 행정조직은 필요한 전문가를 조직으로 흡수하는 채용에 있어 여전히 미온적이다. 물론 민선이후 많은 공공기관에서 외부전문가의 채용을 시행하고 있지만 계약직이라는 신분의 한계와 결재라인에서의 제외 및 그들을 터부시하는 조직문화로 인해 제대로 효과를 보지 못하고 있다.

여전히 그들만의 리그를 형성하고 있으며, 그 틀을 깨고자 시도하고 있는 조직은 극히 드물다. 아직도 임용경로에 따라 그룹이 형성되고, 출신부서에 따라 그룹이 형성되는 행태를 보이고 있는 것이다. 심지어 중앙정부에서조차 고위공무원단 제도를 통해 타부서에서 전입 온 간부를 은연중에 따돌리는 현상까지 벌어지고 있는 형편이니, 개방형직위로 채용된 민간의 전문가가 그런 문화를 버텨내고 능력을 발휘하기에는 많은 어려움이 있다. 능력의 발휘에 앞서 조직문화의 벽부터 넘어야 하는 이중의 어려움을 겪게 되기 때문이다.

지방행정에 있어서도 전문성이 필요한 분야에 일부 민간전문가를 채용하고 있지만 보수의 수준이나 신분의 불안정성 등으로 인해 제도의 활용이 활성화되어 있지 못한 형편이다. 중앙공무원에서 지방공무원으로 이동하는 경우나 지방공무원에서 지방공무원으로 조직을 옮기는 경우를 제외하고 진정한 민간부문과의 교류는 활발히 일어나고 있지 못하다. 정작 공직을 통해 보람이 있는 인생의 실현을 염두에 두었던 사람일지라도 앞에서 제기한 여러 가지의 장벽에 의해 그 실현을 이룬 사람은 극히 드물다.

하지만 앞선 경영시스템을 행정에 접목시키고 조직문화의 개선을 이루어내기 위해서는 민간부문의 경력자를 행정에 채용하는 것이 여러 가지로 도움이 된다. 총액인건비제도의 시행과 더불어 이런 제도를 적극적으로 활용하고자 하는 행정조직이 많이 나타났으면 한다. 이것이 고착화된 행정조직의 문화를 탄력 있게 바꿀 수 있는 첫걸음이 될 수 있기 때문이다. 또한 행정조직의 울타리를 허무는 첫 번째 작업이 될 것이다. 조직의 발전을 유도하는 데에 있어 문호를 개방하여 능력이 출중한 인재를 채용하는 것만큼 중요한 일은 없다. 인재의 육성과 소통이 이루어지지 않는 조직은 발전이 없다.

21세기가 지식정보화의 시대이니만큼 인재는 더 없이 중요한 자산이다. 그러한 인재를 채용하고 그들이 능력을 십분 발휘할 수 있도록 하는 조직문화를 형성하는 것이 바로 행정조직의 경쟁력을 향상시키는 일이다.

전문성을 키울 수 있는 인사시스템으로의
전환이 되어야 한다

공직에 첫발을 내디디는 사람들의 능력은 출중하다. 많은 준비를 거쳐 치열한 경쟁률을 뚫고 들어온 사람들인 것이다. 하지만 이런 우수한 인재들이 시간이 지나면 기존의 조직문화에 동화되어 초기의 적극성을 점점 잃어간다. 체계적인 인재육성시스템 부재로 인해 조직의 비전과 자신의 비전을 일치시킬 기회를 가지지 못하고, 진급 이외의 자기성장 비전을 구체화시키지 못하기 때문이다. 이들은 자신의 업무영역 내에서만 업무를 수행하고, 짧게는 6개월에서 1년 길게는 2년에서 3년을 주기로 순환보직에 의해 여기저기로 일관성 없이 옮겨 다니게 된다. 물론 최소 전보금지기간이라는 것이 있지만 무시되는 경우도 있다. 그래서 10년이라는 시간이 지나면 그 사람이 행정의 어느 분야에 일가견을 가진 전문가가 되어 있는 것이 아니라 행정조직의 특성을 잘 이해하고 있는 10년 경력의 공무원이 되어버린다.

이것이 우리나라의 행정조직에서 전문가를 양성하지 못하는 최대의 원인이다. 순환보직제의 인사는 전문성이 풍부한 공무원을 길러내는 것이 아니라 무난하고 말 잘 듣는 공무원을 양성할 뿐이다. 체계적인 인재의 육성계획 없이 실시하는 인사는 장기적인 관점이 아닌 임기응변적인 대응을 유발하고 있기 때문이다. 조직의 비전에 입각한 인사시스템이 아닌 업무수요에 의거한 '끼워 맞추기 인사' 운영이 우선시되어 개인의 발전을 진정으로 고려하지 못하고 있는 것이다.

조직에서의 인재육성은 숲을 가꾸는 것과 같다고 할 수 있다. 숲은 나무 하나하나가 모여 이루어진다. 개개의 나무가 훌륭하게 성장하지 않으면 푸른 숲을 만들 수가 없다. 병이 걸린 나무는 솎아주어야 다른 나무가 피해를 보지 않으며, 나무의 성장에 필요한 영양소를 제때에 공급해주어야 하며 그 영양소도 나무에 따라 달라져야 한다. 종류가 다름에도 불구하고 똑같은 영양분을 공급해서는 성장에 한계가 있다. 민둥산이 있다고 해서 토양을 고려하지 않고 이쪽의 나무를 그쪽으로 무조건 옮겨 심어놓으면 나무를 죽게 만든다. 조직에서도 마찬가지다. 개인은 조직의 발전을 위한 수단이라는 생각은 결국 지속적인 발전을 구가할 수 없다. 조직구성원이 조직의 비전을 고려하여 자신의 비전을 설계할 수 있고, 이를 체계적으로 도와줄 수 있는 조직이 지속적인 발전을 이룰 수가 있다.

전문성과 통찰력이 뛰어난 인재를 많이 보유하는 것이 바로 조직발전의 기본이다. 이제는 공조직의 인사시스템에 대한 전면적인 재검토가 필요한 때이다. 개인의 성장과 비전에 대한 높은 관심을 가져야 한다. 결원을 채우기 위해 부서를 전보시키고 행정을 두루 경험해야 한다는 논리로 분야의 전문가를 양성하지 못하는 현재의 인사시스템을 재설계해야 한다.

그렇게 하기 위해서는 신입직원이 들어오는 순간부터 육성방향을 고민해야 한다. 적성과 능력을 검토하여 장기적으로 어떻게 육성할지를 면밀히 검토해야 하며, 그에 관한 원칙을 세워야 한다. 그래서 인사철이 되면 이리저리 철새처럼 사람을 이동시키는 행태를 반복하지 말아야 한다. 행정의 분야를 조직의 특성에 맞추어 10개 이하로 분류하고, 개인의 적성과 능력에 맞추어 가장 적합한 분야를 선정할 수 있도록 하고 그 분야에서 전문가가 되기 위한 경로를 그려주어야 한다.

예를 들어 문화관광분야에서 전문가가 되고 싶은 사람에게는 그 분야에서도 특정 분야의 전문가가 될 수 있도록 유도하는 경력관리프로그램을 적용시키자. 그래서 전문가가 되기 위해 거쳐야 하는 업무의 경로를 제시하고 그에 맞춘 인사발령을 실시해야 한다. 문화재 관리, 홍보, 기획, 관광 등의 경로를 거치며 조직 내에서 문화관광분야와 관련한 경험을 쌓고 업무의 경험을 토대로 자신의 전문분야를 정하여 전문가로 성장할 수 있도록 지원하자. 이것이 전문가를 양성하는 경력관리이다.

문화관광과에서 건설과로, 건설과에서 지역경제과로, 지역경제과에서 총무과로 전보의 원칙 없이 옮겨 다니게 하는 인사는 6급이나 5급으로 승진한 간부를 바보로 만든다. 자신이 맡은 분야를 직원보다 모르는 간부가 어떻게 부하를 육성할 수 있으며, 업무의 비전을 세울 수 있겠는가? 그러다 보니 입으로만 행세하는 간부가 되는 것이다. 상사의 지시사항을 열심히 아랫사람에게 전달하고, 업무의 진행과정만을 챙기는 통제자의 역할 수행이 자신의 임무라고 여기게 된다.

이제는 더 이상 이러한 간부를 양산하지 않기 위해서라도 전문성을 키울 수 있는 경력관리의 인사시스템을 설계해야 한다.

분야별 책임경영의 실시

그동안 행정은 성과를 내기 위해 많은 노력을 해왔으나, 거대한 조직을 통합적으로 관리하는 방식을 고수함으로써 비효율적인 측면을 여러 면에서 보여주었다. 이러한 통합관리방식은 행정조직의 규모와 맞물려

불필요한 형식들을 양산하고 그로 인해 구성원들이 성과를 창출하는 일에 매진하는 것을 제약해왔다. 간부들 또한 업무추진의 영속성과 책임성을 담보 받을 수 없는 환경으로 인해 근시안적인 리더십의 발휘를 강요받아왔다.

이러한 상황의 개선을 위해 전문가를 육성할 수 있는 경력개발시스템을 도입하는 것과 더불어 행정의 책임성과 성과를 증진시킬 수 있는 책임경영제도의 도입을 적극적으로 검토해 보자. 이미 행정조직에서의 조직구조가 업무특성과 고객특성에 따라 구분되어 있다고 할 수 있으나, 권한의 위임이나 행정업무의 적극성을 높이기 위해서는 좀 더 가시적인 제도의 도입이 필요하다. 공기업에서는 업무의 성과를 높이기 위한 '경영계약제도'를 도입하여 사장과 임원, 임원과 부서장간에 경영계약을 실시하고 있지만 형식적인 수준에서 운영되는 사례가 많다. 이를 좀 더 구체화하여 분야별 책임경영제를 도입해 보자.

지역경제 분야, 문화관광 분야, 행정지원 분야, 도시건설 분야, 환경관리 분야, 주민복지 분야 등 행정의 분야를 각 자치단체의 특성에 따라 구분하고, 이를 하나의 사업단위로 인식하여 사업단위별로 독립성을 보장하는 형태로 운영하는 것이 책임경영제 운영이다. 이는 지금과 같이 단체장 한사람에게 권한과 책임이 과도하게 집중되어 있는 구조를 탈피하고, 책임성과 전문성을 증대시킬 수 있으며, 조직운영에 있어서도 효율성을 증대시킬 수 있다. 또한 전체를 하나로 통합하여 관리하는 현재의 관리방식에 비해 이렇게 전체를 그룹으로 구분하여 운영하는 것은 보다 높은 업무성과의 창출과 이를 위한 구성원의 역동성을 증가시킬 수도 있다.

분야별로 소사장을 선임하고 그들의 책임 하에 해당 분야의 성과를 높일 수 있는 다양한 권한을 부여해보자. 이러한 제도의 도입은 총액인건비제의 시행과 더불어 그 실현가능성이 훨씬 높아졌다. 공공부문에 있어서도 경쟁을 통한 성과의 창출은 이미 대세가 되었다. 책임경영제의 실시를 통한 경쟁의 유도는 무분별한 경쟁으로 조직의 위화감을 유발하고자 하는 것이 아니라 고객을 위한 성과의 창출을 보다 적극적으로 펼칠 수 있는 제도적인 틀을 구축하고자 함이다. 이러한 제도의 시행을 통해 발전을 위한 분야별 비전과 미션을 새롭게 정립하고, 이의 실현을 위한 구성원의 참여와 전문성의 강화를 유도할 수 있을 것이다.

행정에 있어 경영의 접목은 향후 많은 분야로 확대되어 나갈 것이다. 이미 복식부기제도의 도입과 성과관리를 위한 목표관리나 균형성과카드(balanced score card)의 도입 등이 이러한 흐름을 반영한다. 관리를 중시하던 행정이 적극적인 경영기법의 도입을 통해 성과창출을 위한 노력을 기울이고 있다. 이러한 기법의 도입과 더불어 행정조직의 구성원에 초점을 맞추고 근본적인 조직운영의 틀을 새롭게 짜보는 다양한 시도가 필요하다. 그러한 시도가 바로 전문가를 양성할 수 있도록 하는 경력관리시스템이며 책임경영제의 도입인 것이다.

이러한 다양한 시도를 통해 행정이 지속적인 발전을 구가한다면, 그것이 바로 공직자의 위상을 높이는 첫걸음이다. 앞선 기법과 인력을 조직에 받아들이려는 노력 없이 현재의 상태를 고수하면서 발전을 기대할 수는 없다. 울타리를 허물고 경력개발제도를 도입하고 책임경영제를 도입하는 이러한 모든 노력들이 바로 내부의 역량을 강화하고자 하는 시도이다. 내부의 역량을 강화하지 않고 공직자의 위상을 높일 수 있는 방법은 없다. 개개인의 역량강화 노력뿐만 아니라 조직적인 차원에서의 역량강화 노력도 수반이 되어야 발전을 기약할 수 있다. 기업이 새로운 경영기법의 도입을 추진하고 조직구조의 재편을 끊임없이 실시하는 이유가 바로 여기에 있다.

EPILOGUE

행정혁신의 물꼬를 트는 계기가 되길 바라며……

　행정의 현장에는 오늘도 다양한 일상들이 전개되고 있다. 보고와 결재, 출장과 정보의 수집, 민원인과의 면담과 서류발급, 계획의 수립과 사업의 집행 등 각자 자신의 업무영역에서 맡은 바 임무를 수행하기 위해 열심히 일하고 있다. 전국에 걸쳐 동일한 성격의 업무를 각 자치단체마다 서로 다른 공직자들이 열심히 자신의 본분을 다하고 있는 것이다. 하지만 동일한 성격의 업무를 수행하고 있는 이들의 업무성과는 조금씩 다르다. 각기 나름대로 열심히 하고 있지만 성과는 조금씩 다르게 나타나고 있다. 열심히 했지만 잘못된 성과를 나타내는 자치단체도 있고, 탁월한 성과를 나타내는 자치단체도 있다.

　잘못된 성과를 나타내는 조직의 구성원은 성취감을 느끼지 못한다. 성취감을 느끼지 못하면 열정이 식게 마련이다. 열정이 식은 사람은 부정적이고 회의적인 사고를 가진다. 이런 사람이 많은 조직은 조직문화가 급속도로 망가진다. 국가도 마찬가지다. 국가적인 비전이 없고 발전하는 성과를 나타내지 못하는 국가의 국민들은 부정적이다. 서로를 모함하고 시기하며, 끌어내리기 문화와 패거리 문화가 판을 친다. 한 방향으로 결집하여 공동의 선을 추구하기보다는 개인적인 이익의 추구에 열을 올린다. 결국 잘되는 조직이나 나라는 건강하고 행복한 구성원이 기본이다.

필자는 좋은 나라를 만들기 위해서는 공무원 개개인이 혁신을 통해 행복해져야 한다고 이야기하였다. 행복한 조직을 만들기 위해 개인적인 차원에서 가져야 할 마인드와 조직적인 차원, 그리고 상사의 입장에서 가져야 할 마인드에 대해 주로 이야기하였다. 따라서 이 책은 거창한 혁신의 목표나 실행방법에 대한 논리적인 전개를 한 이론서가 아니다. 단지 지금 시점에서 우리가 새로운 측면에서 생각해보아야 할 사항들에 대한 것을 두서없이 이야기한 수필에 가깝다. 그래서 이 책에는 이해를 돕기 위한 도표나 그림을 첨부하지 않았다. 다만 행정기관에 종사하는 사람으로서 국가와 지역의 발전을 주도하기 위해 서로가 새롭게 생각해볼 수 있는 사항들을 화두로 제시하였다.

이 책에서 예를 들어 설명한 주된 대상은 지방자치단체이다. 하지만 이것은 지방자치단체만의 문제가 아니다. 중앙정부나 산하기관, 지방자치단체, 공기업 등 모든 공공부문에 공통으로 해당되는 이야기이다.

변화는 거창하게 시작되지 않는다. 새롭게 각오를 다진 한 사람, 한 사람이 모여 실천을 해나갈 때에 그 물꼬가 트인다. 이 책이 그러한 물꼬를 트는 데 미약하나마 도움이 되었으면 하는 바람과 더불어 책의 내용과 관련하여 부족한 부분에 대해서는 독자 여러분의 넓은 양해를 바란다.

혁신공무원의

12가지 M. A. P.

1판 1쇄 발행 2008년 2월 20일

지은이 정도훈
펴낸이 이웅녕

펴낸곳 리드리드출판(주)
출판등록 1978년 5월 15일(제13-19호)
주소 (121-704) 서울 마포구 도화동 544 고려빌딩 209호
홈페이지 www.readlead.kr
이메일 we@readlead.kr
전화 (02)719-1424
팩스 (02)719-1404

값 10,000원
ISBN 978-89-7277-246-0 13320